Giorgio Agamben zur Einführung

Eva Geulen

Giorgio Agamben zur Einführung

JUNIUS

Junius Verlag GmbH
Stresemannstraße 375
22761 Hamburg
info@junius-verlag.de
www.junius-verlag.de

Umschlaggestaltung: Florian Zietz
Titelfoto: Bilderberg/Effigie
Satz: Junius Verlag GmbH
Printed in the EU 2026
ISBN 978-3-88506-670-5
4., korrigierte Auflage 2026

Bibliografische Information der Deutschen Nationalbibliothek
Die Deutsche Nationalbibliothek verzeichnet diese Publikation in der Deutschen Nationalbibliografie; detaillierte bibliografische Daten sind im Internet über http://dnb.dnb.de abrufbar.

Inhalt

Anhang

Zur Einführung …

… hat diese Taschenbuchreihe seit ihrer Gründung 1978 gedient. Zunächst als sozialistische Initiative gestartet, die philosophisches Wissen allgemein zugänglich machen und so den Marsch durch die Institutionen theoretisch ausrüsten sollte, wurden die Bände in den achtziger Jahren zu einem verlässlichen Leitfaden durch das Labyrinth der neuen Unübersichtlichkeit. Mit der Kombination von Wissensvermittlung und kritischer Analyse haben die Junius-Bände stilbildend gewirkt.

Von Zeit zu Zeit müssen im ausufernden Gebiet der Wissenschaften neue Wegweiser aufgestellt werden. Teile der Geisteswissenschaften haben sich als Kulturwissenschaften reformiert und neue Fächer und Schwerpunkte wie Medienwissenschaften, Wissenschaftsgeschichte oder Bildwissenschaften hervorgebracht; auch im Verhältnis zu den Naturwissenschaften sind die traditionellen Kernfächer der Geistes- und Sozialwissenschaften neuen Herausforderungen ausgesetzt. Diese Veränderungen sind nicht bloß Rochaden auf dem Schachbrett der akademischen Disziplinen. Sie tragen vielmehr grundlegenden Transformationen in der Genealogie, Anordnung und Geltung des Wissens Rechnung. Angesichts dieser Prozesse besteht die Aufgabe der Einführungsreihe darin, regelmäßig, kompetent und anschaulich Inventur zu halten.

Zur Einführung ist für Leute geschrieben, denen daran gelegen ist, sich über bekannte und manchmal weniger bekannte Autor(inn)en und Themen zu orientieren. Sie wollen klassische

Fragen in neuem Licht und neue Forschungsfelder in gültiger Form dargestellt sehen.

Zur Einführung ist von Leuten geschrieben, die nicht nur einen souveränen Überblick geben, sondern ihren eigenen Standpunkt markieren. Vermittlung heißt nicht Verwässerung, Repräsentativität nicht Vollständigkeit. Die Autorinnen und Autoren der Reihe haben eine eigene Perspektive auf ihren Gegenstand, und ihre Handschrift ist in den einzelnen Bänden deutlich erkennbar.

Zur Einführung ist in verstärktem Maß ein Ort für Themen, die unter dem weiten Mantel der Kulturwissenschaften Platz haben und exemplarisch zeigen, was das Denken heute jenseits der Naturwissenschaften zu leisten vermag.

Zur Einführung bleibt seinem ursprünglichen Konzept treu, indem es die Zirkulation von Ideen, Erkenntnissen und Wissen befördert.

Michael Hagner
Dieter Thomä
Cornelia Vismann

Vorwort zur zweiten und zur dritten Auflage

Für die zweite Auflage dieses Buchs wurde der Text überarbeitet und um Erläuterungen zu Agambens zwischenzeitlich auf Deutsch erschienener Paulus-Exegese *Die Zeit, die bleibt. Ein Kommentar zum Römerbrief* (= IV.2d) ergänzt. Neu hinzugekommen ist auch das Schlusskapitel über die bisher verfügbaren Veröffentlichungen aus dem Umkreis von Agambens jüngsten Bemühungen um eine theologische Genealogie der Ökonomie (u.a. *Profanierungen*; *Was ist ein Dispositiv?*; *Die Beamten des Himmels. Über Engel* = V).

Die Literatur über Agamben ist in den vergangenen drei Jahren stark angewachsen. Neuerscheinungen insbesondere größeren Umfangs sowie Sammelbände wurden weitgehend in die Bibliographie aufgenommen. Das Literaturverzeichnis erhebt jedoch keinen Anspruch auf Vollständigkeit.

Bonn, im Oktober 2008

Für die dritte Auflage dieser Einführung wurde die Auswahlbibliographie um die wichtigsten der zwischenzeitlich auf Deutsch erschienenen Texte Agambens ergänzt. Auch die Angaben zur Forschung wurden behutsam aktualisiert. Besondere Berücksichtigung fanden dabei einerseits die relativ junge Rezeption von Agamben in pädagogischen und bildungstheoretischen Kontexten und andererseits solche Arbeiten, die sich mit Agamben vor dem Hintergrund der aktuellen Flüchtlingskrise beschäftigen.

Berlin, im Januar 2016

I Einleitung

In der Schweiz hat man entschieden, dass überzählige Embryonen für Forschungszwecke verwendet werden dürfen: therapeutisches Klonen. Ethiker und Theologen wandten ein, man solle die Embryonen sterben lassen. Aber kann sterben, was nicht geboren wurde? Heißt sterben lassen unter solchen Umständen nicht zwangsläufig töten? Nicht nur Gegner, sondern auch Befürworter therapeutischen Klonens berufen sich bei ihren Erwägungen auf die unantastbare Menschenwürde und das Recht auf einen menschenwürdigen Tod. Indem sie dies tun, zeigen sie, dass mit seinem Leben und seinem Tod auch der Mensch Definitionssache (geworden) ist. Manche ziehen die Konsequenz, dass man deshalb nach dem Menschen, seinem Leben und seinem Tod, nicht mehr fragen dürfe. Agamben meint, man müsse die Frage »Was bedeutet ›Mensch bleiben?‹« anders formulieren. Es sei »die Bedeutung des Wortes Mensch so weit zurückzunehmen, daß sich der Sinn der Frage selbst dadurch vollkommen verwandelt« (A 50).

Wenn das Leben Definitionssache ist, stellt sich das Problem der Zuständigkeit. Wer darf, muss und kann Leben definieren? In bioethischen Kommissionen werden auch Theologen und Philosophen hinzugezogen, aber weder die Kirchen noch die Philosophie sind entscheidungsbefugt. Man könnte vermuten, dass den Wissenschaftlern die Definition des Lebens zukommt. Aber auch dort erklärt man sich für unzuständig. Agamben zitiert die Bemerkung eines Biologen, dass Diskussionen über

Leben und Tod unter Wissenschaftlern Zeichen eines Gesprächs unter Niveau seien (HS 173). Also muss die Politik, muss der Staat entscheiden, und in ihm die Instanz, deren Geschäft das Entscheiden, Beurteilen und Definieren nun einmal ist: das Recht. Mit Gesetzen, die festsetzen, was Leben heißt und welches Leben als menschlich gilt, reagiert der Staat auf eine Situation, in der Leben Definitionssache ist. Aber mit jeder Grenze, die per Gesetz gezogen wird zwischen dem, was noch als Leben gilt und was nicht, ist deren weitere Verschiebung gleichsam vorprogrammiert. Verzweifelt bemüht sich die Rechtsprechung, Schritt zu halten mit der expandierenden Forschung. Ob man nun für oder gegen therapeutisches Klonen ist, für oder gegen Gendiagnostik, Einigkeit herrscht darüber, dass einzig eine gesetzliche Regelung die anstehenden Fragen und Probleme bewältigen kann. Was Leben ist, wird so immer mehr zu einer Frage seiner gesetzlichen Definition. Diese grundlegende und stetig zunehmende Politisierung des Lebens durch seine Verrechtlichung zu erkennen und zu exponieren ist Agambens erster Schritt auf dem Weg zu einer Umformulierung der Frage, was Menschsein heißt.

Agamben ist kaum der erste, der die Politisierung des Lebens beklagt. ›Mein Körper gehört mir‹ lautete ein Slogan aus den Debatten um den § 218. Aber auch ›mein Körper‹ bedarf einer gesetzlichen Definition. Wer das Recht auf ›seinen‹ Körper beanspruchen will, muss überdies zahlen. Das Leben hat seinen Preis. Buchstäblich. Nach dem Entwurf des Gendiagnostik-Gesetzes müssen sich Menschen, die eine Lebensversicherung über 250 000 Euro abschließen möchten, von den Versicherungsgesellschaften um Gentests bitten lassen. Eine hessische Lehrerin soll nicht verbeamtet werden, bis sie sich einem Test auf die Huntington-Krankheit unterzogen hat, an der ihr Vater litt. Agamben hat hier keine Lösungen parat. Aber er zeigt eindringlich, dass die Diskussionen um das Leben jenseits der verschiedenen

Standpunkte insgeheim von einem gemeinsamen Grund getragen werden: vom Vertrauen in genau die rechtlichen Lösungen, die die Politisierung des Lebens zwangsläufig fortsetzen.

Wer heute auch nur mit halber Aufmerksamkeit die Medienberichterstattung verfolgt, weiß, dass es neben den Debatten um wissenschaftlich mögliches und rechtlich zu kodifizierendes Leben noch eine andere Welt gibt. In ihr geschehen Dinge, die sich wie ein archaischer Rückschritt in finsterste Zeiten ausnehmen. Weltweite Bürgerkriege haben Flüchtlingskrisen ausgelöst, die kaum zu bewältigen scheinen. Auf Schiffen und in Lastwagen kommen Flüchtlinge an den Küsten und Grenzen Europas an. Bevor ihr Status geklärt ist, leben sie in Auffanglagern und Transitzonen, deren rechtlicher Status nicht weniger dubios ist als derjenige der in Guantanamo Bay auf Kuba von den Amerikanern inhaftierten Muslime.[1]

Der zunehmenden Verrechtlichung menschlichen Lebens steht die zunehmende Entrechtung von Menschen gegenüber, die, um es mit Hannah Arendt zu sagen, dem Anschein zum Trotz das Leben von Wilden führen.[2] Dass zwischen diesen Phänomenen ein systemischer Zusammenhang herrscht, darf man vermuten. Mit der Figur des *homo sacer* hat Agamben aus der Vergangenheit des archaischen römischen Rechts eine Figur ans Licht geholt, die den Nexus zwischen Verrechtlichung und Entrechtung schlagartig erhellt.

Der *homo sacer* bezeichnete im archaischen römischen Recht eine Art vogelfreien Menschen, der nichts hat und nichts ist als ›bloßes Leben‹. Jeder durfte ihn töten, aber keiner ihn opfern, so dass er von göttlichem wie weltlichem Recht ausgenommen war. Und nichts anderes als diese doppelte Rechtlosigkeit konstituierte seinen Rechtsstatus, denn der *homo sacer* ist keine religiöse, sondern eine juridische Figur. Für Agamben verkörpert er das Leben im Ausnahmezustand, wie er in Lagern, den *zones d'attente* der Flughäfen und auch in Guantanamo Bay faktisch herrscht und wie er in der Beschneidung von Bürgerrechten im Namen der Staatssicherheit nach dem 11. September 2001 auch in den USA latent drohte. Die heute von vielen verzweifelt beschworene Heiligkeit menschlichen Lebens führt Agamben auf diese Figur als ihren Ursprung zurück, um nachzuweisen, dass die Heiligkeit von vornherein an Tötbarkeit gebunden war und es geblieben ist.

Doch der aufwendige Nachweis eines strukturellen Zusammenhangs zwischen Verrechtlichung und Entrechtung menschlichen Lebens ist nur ein Aspekt von Agambens Bemühungen. Obwohl seine pointierenden Studien gelegentlich den Eindruck erwecken, dass ein Ausweg aus den dilemmatischen Verstrickungen von Recht und Leben schlechterdings unmöglich sei, setzt Agamben seine Hoffnungen in einen neuen Politikbegriff. Ihm schwebt ein Verständnis von Politik vor, in dem das Leben nicht als definierbare Substanz erscheint, sondern untrennbar verbunden ist mit einer bestimmten Form von Leben. Dem durchs Recht verarmten Politikbegriff möchte er auf diesem Wege sein ontologisches Fundament zurückerstatten, der Philosophie ihren seit Platon vergessenen politischen Primat.

Ob Agambens skandalträchtige These von einer »innersten Solidarität von Totalitarismus und Demokratie« (HS 20) gerechtfertigt ist, kann nur die weitere Entwicklung zeigen. Gegenwärtig deutet nicht nur in den USA einiges darauf hin, dass sie sich im Namen des Schutzes der Demokratie zu bewahrheiten anschickt. Ob, wie Agamben formuliert hat, eine »›geschützte‹ Demokratie keine Demokratie mehr ist« (AZ 23), sei dahingestellt. Gewiss ist aber, dass geschütztes Denken kein Denken ist. Und Agamben denkt ungeschützt. Er riskiert etwas und hat, so lässt auch die internationale Rezeption seiner Homo-Sacer-Studien vermuten, mit dem Begriff des nackten oder bloßen Lebens etwas getroffen, das uns alle umtreibt. Den *Definitionen* des Lebens setzt er ein Wissen um *Lebensformen* entgegen. Solches Wissen findet sich bei den Disziplinen, die in Deutschland Geisteswissenschaften, in den meisten anderen Ländern Humanwissenschaften heißen. Emphatisch insistiert Agamben auf ihren möglichen Beitrag zu einer Analyse des Lebens, die nicht – wie die Naturwissenschaften und das Recht – von den Formen abstrahieren, in denen Leben sich bezeugt, reflektiert und tradiert. Zu einem Zeitpunkt, da das Leben ganz in den Zuständigkeitsbereich des Rechts und der Biowissenschaften zu rücken scheint, klagt Agamben die Kompetenz und das Potential der Humanwissenschaften ein.

Agambens Thesen sind kühn, seine Formulierungen provokant. Dennoch darf man sich wundern, wenn ein derart anspruchsvoller, auch schwieriger, vergrübelter und voraussetzungsreicher Denker von alteuropäischer Belesenheit zu einer internationalen Kultfigur avanciert. Denn mit dem plakativen Gestus z.B. der in den USA jüngst reüssierenden Studie *Empire* von Michael Hardt und Antonio Negri haben seine Schriften nur wenig gemein.[3] Gewiss verdankt sich der enorme Erfolg seiner in zahlreiche Sprachen übersetzten Bücher zum *homo sacer* vornehmlich der unbezweifelbaren Aktualität seines Anliegens. Aber Agamben verhandelt Tagesnachrichten mit der gleichen intellektuellen Intensität wie archaische Rechtstexte, mittelalterliche Darstellungen, Erzählungen Kafkas oder einen Essay Walter Benjamins. Seine passionierte Intensität kümmert sich wenig um Gattungen, Disziplinen oder Epochenschwellen. Auch in unsere Vorstellungen von den intellektuellen Strömungen und ihrer politischen Verrechenbarkeit im 20. Jahrhundert bringt er Unruhe. Die Reihe derer, mit denen er sich jenseits ideologischer Umzäunungen auseinander setzt, reicht von Walter Benjamin und Michel Foucault (›links‹) bis zu Martin Heidegger und Carl Schmitt (›rechts‹), schließt aber auch Autoren wie den Kunstwissenschaftler Aby Warburg, den heute fast vergessenen Literaturwissenschaftler Max Kommerell, den Linguisten Emile Benveniste, den Historiker Ernst Kantorowicz oder den 68er-Theoretiker der modernen Spektakelgesellschaft Guy Debord ein. Und damit ist erst ein Bruchteil der Autoren genannt, die in Agambens Texten auftreten. Nicht zuletzt die Entschlossenheit solcher Enttabuisierungen weist dem seit den 70er Jahren publizierenden Verfasser einen Platz nach der Zäsur an, die das Jahr 1989 auch markiert. Denn erst danach setzte sich eine generelle Verunsicherung durch, die Zuschreibungen wie ›rechts‹ und ›links‹ fragwürdig werden ließ. Zugleich beweisen Agambens Texte jedoch, dass die tendenziell eklektizistische Vielfalt der Rezeption keineswegs auf Kosten politischen Engagements zu gehen braucht. Agamben steht nicht nur für die seit dem September 2001 dringlicher gewordene Frage nach einer genuin europäischen Politik, sondern er scheint auch die Sehnsucht nach Besetzung der vakanten Rolle des ›öffentlichen Intellektuellen‹ zu stillen. Mit welcher Berechtigung, müssen seine Leser entscheiden. Ihnen erste Mittel dazu an die Hand zu geben ist die Aufgabe dieser Einführung. Der Komplexität von Agambens Denken und der seiner wichtigsten Quellen Rechnung zu tragen ist ihr Anliegen. Der Rest ist Lektüre.

Das Maß, in dem sich Agambens eigene Argumentationen im direkten Kontakt mit vorgefundenen Texten, in der Auseinandersetzung mit Neben- und Vordenkern entwickelt, ist so groß, dass auch eine Einführung dies zu berücksichtigen hat. Zunächst wird, von einzelnen Theoremen vorläufig absehend, eine knappe Darstellung seines Verfahrens und dessen methodologischer Voraussetzungen versucht (Kapitel II). Dem folgen einige Ausführungen zu bislang noch kaum bekannten früheren Texten Agambens, in denen auch für das spätere Homo-Sacer-Projekt wichtige Fragestellungen und Denkfiguren entwickelt werden (Kapitel III). Anschließend werden die zentralen Begriffe und Argumente aus dem Umkreis der auf vier Bücher angelegten Homo-Sacer-Serie vorgestellt (Kapitel IV). Erschienen sind bisher der titelgebende Band *Homo sacer. Die souveräne Macht und das nackte Leben* (von Agamben noch nicht nummeriert) sowie *Ausnahmezustand* (= *Homo sacer* II.1) und *Was von Auschwitz bleibt* (= *Homo sacer* III). In den weiteren Umkreis des Projekts gehören eine Reihe kleinerer Studien wie *Das Offene. Der Mensch und das Tier*, die Aufsätze des Bandes *Die kommende Gemeinschaft*, *Die Idee der Prosa* und *Mittel ohne Zweck. Notizen zur Politik*. Die früheren, z.T. noch nicht auf Deutsch, aber auf Französisch und Englisch verfügbaren Bücher zum Problem der Stimme und der Geschichte der philosophischen Ästhetik sowie Agambens erstes Buch über *Kindheit und Geschichte* werden im dritten Kapitel in der Absicht referiert, die Voraussetzungen zu klären, unter denen das Homo-Sacer-Projekt steht. Ihm gilt diese Einführung vor allem, und insbesondere dem ersten Buch *Homo sacer. Die souveräne Macht und das nackte Leben*. Es ist bisher Agambens überzeugendster und im aktuellen Kontext bedeutsamster Beitrag. Einen eigenen Abschnitt verdient im Rahmen dieser Rekonstruktion die Darstellung der Alternativen, die Agamben angesichts des von ihm entwickelten Paradigmas abendländischer Politik entwirft. Hier geht es zunächst mit dem Begriff der ›Lebensform‹ um Thesen aus dem ersten Homo-Sacer-Buch, um den Begriff des Rests und schließlich um die Neubegründung einer Ethik in Agambens *Was von Auschwitz bleibt*. Anschließend werden Agambens Überlegungen und Thesen versuchsweise und im Ausgang von seinen wichtigsten Quellen in ältere und neuere Diskussionszusammenhänge integriert. Diese intellektuelle Archäologie soll Agambens Einordnung in ein unübersichtliches Feld der Debatten etwas erleichtern und die

Kontexte erhellen, auf die er sich mehr oder minder explizit bezieht.

Mit dieser Organisation des Materials wird ein Weg gewählt, der sich von anderen bisher verfügbaren Darstellungen Agambens dadurch unterscheidet, dass hier nicht ein einzelnes Theorem, ein einzelner Philosoph oder eine bestimmte Quelle (etwa: Agambens Aristoteles-Exegese, Sprachphilosophisches, der Erfahrungsbegriff oder die unbezweifelbare Bedeutung Walter Benjamins) so privilegiert werden, dass sie als Fundament oder organisierendes Prinzip dienen.[4] Die Darstellung fühlt sich andererseits aber auch nicht zwingend der Chronologie der Argumentationsschritte oder der Reihenfolge der Publikationen verpflichtet. Einzugreifen oder umzustellen glaubt sie sich berechtigt, weil sich die aktuelle Bedeutung und die Systematik von Agambens Anliegen erst jenseits der Bücher erschließt, die zudem oft dasselbe oder ähnliches Material verarbeiten. Aufgrund der massiven Rezeption wie aufgrund von Agambens Vorliebe für griffige Formulierungen haben sich einzelne (im Regelfall übrigens nicht von ihm selbst geprägte) Termini zwischenzeitlich so verfestigt, dass man es wagen darf, sie wie Begriffe zu entwickeln und als Strukturen zu beschreiben. Diese Termini leihen den einzelnen Abschnitten des Hauptteils die Überschriften.

Von kritischen Stellungnahmen wurde in den referierenden Teilen so weit wie möglich abgesehen. Nur gelegentlich und in den Fußnoten wird auf mögliche Einwände oder problematische Konsequenzen seiner Konzeption hingewiesen. Kritische Wertung ist aber in das vorletzte Kapitel »Kritik und Kontexte des Homo-Sacer-Projekts« eingegangen, das auch aus diesem Grund von der Darstellung entkoppelt wurde.[5] Obwohl Agambens jüngste Überlegungen zu den theologischen Ursprüngen der Ökonomie keinen grundsätzlichen Neueinsatz, sondern eher eine Modifikation seiner bisherigen Arbeit darstellen, wurde ihnen ein eigenes Kapitel gewidmet. Es kann und sollte auch als eine Fortsetzung der »Kritik und Kontexte des Homo-Sacer-Projekts« gelesen werden, weil es einen zusätzlichen Horizont seines Denkens erhellt.

II Agambens philologische Methode

Zu heterogen ist Agambens intellektuelles Umfeld, als dass man ihn auf einen methodischen Ansatz verpflichten oder einer philosophischen Schule zurechnen könnte. Zudem besteht die Faszination seiner Schriften gerade in den neuen und überraschenden Konstellationen, in die er bekannte, aber auch weniger bekannte, älteste und neueste Texte und Probleme zu bringen weiß. Scheinbar spielend bewältigt Agambens passionierte Intelligenz historische, politische und disziplinäre Distanzen. Umso dringlicher stellt sich dann allerdings die Frage nach seinem Verfahren. Obwohl konventionelle wissenschaftstheoretische und methodologische Überlegungen in seinem Werk fast gänzlich fehlen, hat Agamben darauf einige Antworten. Die ehrlichste hat er in dem schmalen Band *Was ist ein Dispositiv?* gegeben: »Ein methodologischer Grundsatz, von dem ich mich in meinen Untersuchungen immer habe leiten lassen, ist es, in den Texten und Kontexten, die ich bearbeite [...], den Punkt ihrer Entwicklungsfähigkeit« (D 25) zu finden. Ist er gefunden, so verschwindet aber zugleich die Unterscheidung zwischen dem Gegenstand und seiner Deutung, und ein Prinzip hermeneutisch-philologischer Integrität muss preisgegeben werden: »Obgleich dies für den Interpreten ein besonders glücklicher Moment ist, weiß er, daß es nun an der Zeit ist [...] auf eigene Rechnung fortzuschreiben.« (Ebd.)

Im Vorfeld lassen sich zunächst einige philosophisch-theoretische Großformationen benennen, die mit Agamben zu assoziieren bestimmt nicht falsch ist. Eine Reihe von Aspekten seines Argumentationsstils, insbesondere das untrügliche Gespür für Paradoxa und strukturelle Widersprüche, lassen auf seine Nähe zu jenen Denkern schließen, die sich eine Neulektüre der abendländischen Klassiker ›gegen den Strich‹ vorgenommen haben. Unter dem Begriff der ›Seinsgeschichte‹ wurden die Möglichkeiten solcher Lektüre zuerst von Martin Heidegger philosophisch erschlossen. Jacques Derrida und die Dekonstruktion haben sie mit anderen Techniken und Zielsetzungen weiterentwickelt. Tatsächlich hat Agamben als junger Mann noch an einem Seminar Martin Heideggers teilgenommen, war mit Derrida, Deleuze u.a. befreundet. Von Haus aus ist Agamben jedoch nicht nur Philosoph, sondern ausgebildeter Jurist und sodann Philologe. An der kritischen Ausgabe der Schriften Walter Benjamins in Italien hat er maßgeblich mitgewirkt und in diesem Zusammenhang auch bisher unbekannte Originalmanuskripte ausfindig gemacht.[6]

In seiner Eigenschaft als Philologe kann man ihn dem von Walter Benjamin beschriebenen Typus des Jägers vergleichen, der im Dickicht der Texte aus verschiedenen Zeiten und unterschiedlichster Provenienz Zitaten auflauert, denen man außerhalb der Fachdisziplinen und ihrer Spezialliteratur kaum begegnen würde. Aus entlegensten Gebieten bezieht Agamben das Material für seine Argumente; Obskuritäten der Rechtsgeschichte, theologische Arkana, jüdische Kabbala, naturwissenschaftliche und medizinhistorische Details, Philosophie, Kunst und Literatur aus Antike, Mittelalter und Neuzeit bezeugen eine in ihrer Fülle und Weitläufigkeit fast anachronistisch anmutende Gelehrsamkeit. Jenseits der Fachdisziplinen wird das nah und fern Erbeutete von Agamben neu konstelliert und so montiert, dass Ältestes plötzlich akute Brisanz gewinnt und Jüngstes sich als archaisch erweist. Im Unterschied zu den Montagetechniken, die man der ästhetischen Moderne zuschreibt, dient Agambens Verfahren nicht der streuenden Sprengung von Kontexten, sondern zielt umgekehrt auf Verdichtung und Radikalisierung seiner Argumente, für die er Material sammelt wie Beweisstücke in einem Prozess – den Agamben der Tradition politischen Philosophierens gegenüber tatsächlich anstrengt.

Langfristig wirksamster Ertrag seiner Methode ist die archaischem römischen Recht entlehnte Figur des *homo sacer*, der gleichermaßen vom göttlichen Recht (sofern er nicht geopfert werden darf) wie vom weltlichen Recht (sofern seine Tötung keine rechtlichen Konsequenzen hat) ausgeschlossen ist. Entdeckt hat Agamben diese Figur in fragmentarischen Quellen bei Sextus Pompeius Festus, der vermutlich noch Älteres kompilierte. In Agambens Homo-Sacer-Publikationen fungiert der *homo sacer* nicht nur als Emblem einer sehr komplex angelegten Struktur, sondern nimmt Züge einer quasikörperlichen Gestalt mit Wiedererkennungswert an. Der im Jargon der Konzentrationslager ›Muselmann‹ genannte, von Bruno Bettelheim und Primo Levi ausführlich geschilderte Typus des KZ-Häftlings, von dem man nicht zu sagen weiß, ob er lebendig oder tot ist, erscheint Agamben ebenso als eine Inkarnation des *homo sacer* wie die Flüchtlinge auf den Booten vor der italienischen Küste, wie die rechtlosen, als *enemy combattants* klassifizierten und von den Amerikanern in Guantanamo Bay inhaftierten Muslime oder wie die amerikanische Komapatientin Karin Quinlay, die je nach Rechtslage entweder noch lebendig oder schon tot war. Ob es im archaischen römischen Recht tatsächlich *homines sacri* gegeben hat, ist zunächst belanglos gegenüber den Wiedererkennungsmöglichkeiten, die diese Figur freisetzt. Der *homo sacer* legt Zusammenhänge offen, vor denen manch einer lieber die Augen verschließt, etwa zwischen dem rechtsfreien Raum der nationalsozialistischen Konzentrationslager, den Gefangenen auf Kuba und der Intensivstation eines lokalen Krankenhauses. Agamben behauptet keinesfalls, dass in diesen Räumen dasselbe passiert, aber er arbeitet ihre gemeinsame rechtslogische Basis und ihre strukturellen Analogien heraus.

Wer strukturell denkt und die Macht der Analogie systematisch entbindet, muss die Kontexte, in denen dieses oder jenes Faktum von jeher verwurzelt ist, auch übersehen können, muss den Mut zur Isolation, zur Sprengung eingefahrener Denkmuster aufbringen. Und er muss mit Kritik rechnen. Rechtshistorikern fällt der Nachweis nicht schwer, dass sich Agamben in seinem Buch über den Ausnahmezustand einigermaßen willkürlich beim einen oder anderen Kollegen (manchmal auch ohne Namensnennung) bedient hat.[7] Altphilologen und Historiker monieren die Lücken seiner selektiven Darstellung.[8] Der Foucault-Spezialist vermisst nötige Trennschärfe bei der Übernahme des Vokabulars von Foucault.[9] So berechtigt diese und ähnliche Einwände sein mögen, sie sollten nicht von den genuinen Denkleistungen ablenken. Es mag sein, dass die Figur des *homo sacer* wie ein Mythos funktioniert. Aber seit Hans Blumenberg weiß man, dass jedem Mythos schon eine welterhellende Kraft innewohnt, auf die man nicht verzichten kann.[10] Statt auf philologische Tugenden zu pochen, sollte man sich umgekehrt fragen, was von einer Philologie ohne spekulative Phantasie und entsprechende Risikobereitschaft übrig bliebe. Wer Agambens Studien zum *homo sacer* gelesen hat, wird jedenfalls nicht nur das Flüchtlingsproblem mit anderen Augen sehen.

Nun gibt es seit geraumer Zeit eine auch akademisch institutionalisierte Verwaltungsinstanz für wildernde Autoren und Gedanken. Vor allem die Nationalphilologien betrachten sich zusehends als Vertreter einer interdisziplinären Kulturwissenschaft, die diesseits und jenseits des Atlantiks längst über stattliche

Sammelbände und eine entsprechend komplexe Methodendiskussion verfügt. Obwohl man annehmen könnte, dass Agamben philosophisch inspirierte Kulturwissenschaft betreibt, wird man den Begriff der ›Kultur‹ oder gar ›Kulturwissenschaft‹ bei ihm kaum finden – übrigens auch nicht den einem etwas älteren geisteswissenschaftlichen Paradigma verpflichteten Begriff der ›Gesellschaft‹.[11] Indirekt aber bezeugen seine Studien, was historisches Denken zu leisten vermag, das sich von seinen philologischen Grundlagen nicht verabschiedet. Tatsächlich liegt, was man Agambens Methode nennen könnte, in seiner Vorstellung vom philologischen Material beschlossen.

Anhaltspunkte für Agambens Philologie-Verständnis bietet u.a. sein 1978 auf Italienisch publiziertes, aber erst 2004 ins Deutsche übertragenes Buch *Kindheit und Geschichte. Zerstörung der Erfahrung und Ursprung der Geschichte.* Dort hat er versucht, den im naturwissenschaftlichen Horizont der Moderne auf Positivismus und Empirie reduzierten Begriff der Erfahrung mit Hilfe eines transzendentalen Sprachverständnisses philosophisch zurückzuerobern. Das Kapitel »Der Prinz und der Frosch. Das Problem der Methode bei Adorno und Benjamin« verhandelt einen brieflichen Disput der beiden Philosophen aus den 30er Jahren. Benjamin hatte Adorno ein Exposé geschickt, in dem er sein gigantisches Projekt über die Pariser Passagen vorstellte, eine Geschichte des 19. Jahrhunderts, die im Wesentlichen nur aus Zitaten bestehen sollte. Skeptisch beurteilte Adorno die Fähigkeit des Materials, für sich selbst zu sprechen, und forderte seine theoretische Vermittlung im Sinne der Methode des historischen Materialismus. Andernfalls müsse sich Benjamins materialbesessene Form der Geschichtsschreibung den Vorwurf der Magie gefallen lassen. Bei dieser Diskussion, die sich vor allem an den direkten Korrespondenzen entzündete, die Benjamin zwischen einem Baudelaire-Gedicht und zeitgenössischen

Alkoholsteuern geltend machte, stand also nichts weniger auf dem Spiel als die für jeden Marxismus entscheidende Frage nach dem Verhältnis von (ökonomischer) Basis und (kulturellem) Überbau, neutral formuliert: die Frage nach dem Verhältnis zwischen einem Faktum und seiner Bedeutung. Agamben ergreift unmittelbar Partei für Benjamins Ansatz und versucht dessen methodische Voraussetzungen zu entfalten: »Materialistisch kann nur jener Standpunkt sein, der die Trennung von Unterbau und Überbau radikal unterläßt, weil sein einziger Gegenstand die Praxis in ihrer ursprünglichen Kohäsion ist, d.h. die ›Monade‹ (sie bezeichnet in der Definition von Leibniz eine einfache Substanz, ›einfach, das heißt ohne Teile‹).« (KuG 170/71) Wahrer Materialismus könne folglich nicht darin bestehen, Faktum und Bedeutung erst zu trennen, um sie dann mit Hilfe der dialektischen Methode wieder zusammenzuführen. Vielmehr müsse der Gegenstand selbst als praktische Einheit von Faktum und Bedeutung erfasst werden. Im vorgefundenen Gegenstand seien die beiden Dimensionen bereits verflochten. Deren Einheit sei in der Form des philologischen Fundes gegeben: »Der Philologie kommt dabei die Aufgabe zu, die Einheit dieser ›Monade‹ zu gewährleisten.« (KuG 171) Die Unmittelbarkeit des philologischen Fundes korrespondiert dem, was Walter Benjamin »den Tigersprung ins Vergangene« genannt hat.[12]

Auf Adornos Magievorwurf anspielend, argumentiert Agamben, die Philologie sei das Mädchen, das ohne theoretische Vorbehalte und Rücksichten den Frosch der Praxis auf den Mund küsse. Der Wahrheitsgehalt des verhexten Froschs, seine wahre prinzliche Gestalt, werde sich dann unweigerlich enthüllen. (Agamben hätte eigentlich wissen müssen, dass die Prinzessin im Märchen den garstigen Frosch mitnichten küsst, sondern zornig an die Wand klatscht, was der offenbar erforderlichen Rücksichtslosigkeit im Umgang mit solchen Materialien vielleicht näher kommt als die sentimentale Version vom liebenden Kuss der Philologie.) Jedenfalls behauptet Agamben, dass allein der Philologe imstande sei, den Gegenstand »in seiner faktischen Integrität« herzustellen (KuG 171).

Der unvermittelte Zugriff des Philologen auf seinen materialen Fund ist jedoch nur die eine Seite des Deutungsprozesses. Dessen andere besteht in dem, was Agamben mit Benjamin »die Aufhebung der Philologie« nennt. Theoriebildung spielt auch hier keine große Rolle, wohl aber der Fluchtpunkt der Deutung »›in unserer eigenen historischen Erfahrung‹. Nur diese kann den Gegenstand beleben und aus der mythischen Starre der Philologie wecken.« (KuG 171) Mit einem berühmten Satz Walter Benjamins: »Dem historischen Materialismus geht es darum, ein Bild der Vergangenheit festzuhalten, wie es sich im Augenblick der Gefahr dem historischen Subjekt unversehens einstellt.«[13]

Diese beiden Aspekte des Deutungsprozesses, das philologische Beweisstück einerseits und die Verwurzelung seiner ihn belebenden Interpretation in der eigenen historischen Erfahrung andererseits, bilden die Pole von Agambens eigenem Verfahren. Er orientiert sich damit an Benjamins Materialbegriff, den dieser später in die Konzeption des dialektischen Bildes bzw. des Denkbildes überführt hat. Direkt in dieser Tradition stehen Agambens Stücke in dem Band *Idee der Prosa* (1985/2003). Der Titel stellt übrigens ein nicht markiertes Benjamin-Zitat dar. Benjamins Forderung, sein *Passagen-Werk* müsse die Kunst, ohne Anführungszeichen zu zitieren, beherrschen, hat Agamben sich in mehr als einer Hinsicht zu eigen gemacht.[14]

Obwohl der dialektische Materialismus, der der Diskussion zwischen Benjamin und Adorno damals das Vokabular lieh, heute kaum denselben Stellenwert hat, ist das verhandelte Problem längst nicht gelöst und überdies älteren Ursprungs. Immer wieder ist es darum gegangen, den Gegensatz zwischen Allgemeinem und Besonderem, zwischen abstrakter Struktur und anschaulichem Gegenstand in einer Weise zu überwinden, die weder das Konkrete ans Allgemeine verrät, noch das Allgemeine über dem Konkreten vergisst. Für den Umgang mit Geschichte bedeutet dies, einen Weg zu finden zwischen den Prätentionen des Positivismus auf Objektivität und der Gefahr rein subjektiver Spekulation (vgl. Kapitel III). Schon Benjamin berief sich bei dem Versuch, die Unterscheidung zwischen dem Gegenstand und seiner Interpretation zu unterlaufen, mit Goethe auf einen älteren Lösungsvorschlag. Wahrscheinlich über Georg Simmels Ausführungen in seinem Essay über *Goethe* (1913) stieß Benjamin auf den Begriff des ›Urphänomens‹, den Goethe im Zusammenhang mit seiner Farbenlehre prägte, um damit die unmittelbar in der Anschauung gegebene Verschränkung von Theorie und Gegenstand, Allgemeinem und Besonderem, zu charakterisieren.[15] Tatsächlich führt Agamben den Begriff Urphänomen an einer Stelle auf Deutsch an (vgl. HS 119).

Goethes Konzeption des Urphänomens und Benjamins Vorstellung vom dialektischen Bild begegnen sich in der Voraussetzung, dass sich die Einheit des Materials (z.B. im Unterschied zu den unsichtbaren platonischen Ideen) unmittelbar zeige, dass sie als Phänomen gegenwärtig und auch visuell erfahrbar sei. Weil die Ikonographie bei Agamben eine wesentliche Rolle spielt und seine Bücher regelmäßig Bilder sowie Bildbeschreibungen enthalten, ist in diesem Zusammenhang ein weiterer Autor zu nennen, dessen Bedeutung für Agamben nicht unterschätzt werden darf. Vor Benjamins Studien zu den Pariser Passagen des 19. Jahrhunderts gab es einen anderen Vorstoß, die Geschichte einer Epoche umzuschreiben. Was Goethe Urphänomen nannte, war für den Begründer der modernen interdisziplinären Kunstwissenschaft, Vorläufer einer philologischen Kulturwissenschaft und großen Renaissance-Forscher Aby Warburg

(1866-1929) genuin menschlichen Ursprungs und hieß ›Pathosformel‹. In Pathosformeln – z.B. bestimmten Gebärden abgebildeter Figuren – sind ikonographische Details und der emotionale Effekt, den sie im Betrachter auslösen, unmittelbar miteinander verschränkt. Pathosformeln zielen auf die Analyse der »Rhetoriken, Semantiken und Topiken körperbezogener Ausdrücke und Habitus, also die zu Bildern und Figuren geronnenen Interferenzen zwischen Affektenergien und kulturellen Verbreitungsmustern«[16]. Methodisch eröffnete die anhand von Pathosformeln mögliche Entdeckung relativ konstanter Bildelemente über große Zeiträume hinweg neue Organisationsmöglichkeiten kunstgeschichtlicher Verläufe und forderte neue Methoden der Bildanalyse. Seine Konzeption der Pathosformel führte Warburg aber auch zu der für Agambens Ansatz wichtigen Konsequenz, dass heidnische Antike, Mittelalter und Moderne keine streng geschiedenen Epochen darstellen. Warburg prägte dafür die Formel vom »Nachleben der Antike«.

Zu Aby Warburg, dessen kultureller Synkretismus und detailorientiertes Denken sehr deutliche Spuren bei ihm hinterlassen haben, hat Agamben im Jahr 1975, das er an der Hamburger Warburg-Bibliothek verbrachte, einen Aufsatz verfasst, der als Teil einer Serie von Gelehrtenporträts geplant war. 1983 hat Agamben diesem Essay ein Nachwort beigefügt, das seine ehemals ungebrochene Identifikation mit Warburg als Begründer einer allgemeinen Wissenschaft vom Menschen kritisch reflektiert. Auch 1983 scheinen Agamben Warburgs Ansätze zu einer allgemeinen Humanwissenschaft noch zukunftsweisend, aber der damit vorausgesetzte Begriff des Menschen ist ihm fragwürdig geworden. Agambens Homo-Sacer-Projekt ist auch der Versuch, die bei Warburg noch versäumte theoretische Reflexion auf den Begriff des Menschen nachzuholen, und zwar indem er ihn einer an Warburg geschulten Analyse unterzieht. Nimmt man Agambens Rezeption von Foucault hinzu, der als Erster den Begriff des Menschen radikal historisierte und unter dem Einfluss seines Lehrers, des Wissenschaftshistorikers Georges Canguilhem, die Genese des Menschenbegriffs im Zusammenhang mit der Entstehung der ›Lebenswissenschaften‹ im 18. Jahrhundert erforschte, dann überrascht es nicht mehr, den Begriff des Lebens im Zentrum von Agambens Überlegungen zur Frage, was ›Mensch‹ bedeutet, zu sehen.

Der Hinweis auf Warburg, der seine Vorstellung von der Kunstgeschichte in Form eines Bild-Atlasses realisieren wollte[17], erhellt eine weitere Idiosynkrasie Agambens. Seine eigene Visualisierungskraft bezeugt sich in einem topologischen Denkstil, auf den zahlreiche räumliche Begriffe wie ›Schwelle‹ oder ›Zone‹ hinweisen. Auch Agambens Vorliebe für etymologische Spekulationen lässt sich in diesem Zusammenhang anführen. Ihr Sinn ist es nicht, die ursprüngliche als die wahre Bedeutung herauszuarbeiten (alle Wörter verweisen bloß auf weitere Wörter). Agamben nutzt die Möglichkeiten der Etymologie, einem Wort oder einem Begriff mit seinem komplexen Bedeutungshof eine historische Tiefendimension zurückzuerstatten, die zu unerwarteter Zusammenhangsstiftung anregt. Freilich stehen die (im Unterschied zu Heideggers oft eigenwilligen Ableitungen) philologisch besser abgesicherten sprachhistorischen Exkurse auch im Dienst sprachphilosophischer Reflexionen, die Agamben selbst gern als das Zentrum seiner Arbeit hervorhebt. In dem für die französische Ausgabe von 1989 verfassten Vorwort zu *Kindheit und Geschichte* heißt es: »In meinen geschriebenen und ungeschriebenen Büchern habe ich immer wieder nur eines denken wollen: Was bedeutet: ›Es gibt Sprache‹, was bedeutet: ›Ich spreche‹?« (KuG 11) Aber das heißt nicht, dass die sprachtheoretische die einzige oder auch nur die gegenwärtig fruchtbarste Lesart von Agambens Schriften darstellt. Privilegiert man Agamben als Transzendentalphilosoph der Sprache, droht das den Blick auf seine kritischen Invektiven und die drängende Aktualität seiner Überlegungen zu verstellen. Dass Agambens Schriften tatsächlich mindestens zwei nicht ohne Weiteres kompatible Rezeptionsformen anbieten, geht auf eine Spannung in seinen eigenen Texten zurück. Obwohl ihm (wie auch seinem Vorbild Walter Benjamin) eine ungewöhnlich breite Palette von Ausdrucksformen zu Gebote steht – von der Polemik über die meditative Versenkung bis zur scharfsinnigen Analyse –, gerät der Leser häufig an einen Punkt, wo er sich gezwungen fühlt, zwischen einer eher philosophischen und einer eher historischen Lesart wählen zu müssen. Ist der *homo sacer* eine historische Figur oder ein philosophisches Konzept? Ist Auschwitz in *Was von Auschwitz bleibt* ein Fallbeispiel oder ein Paradigma?

Immer bleibt eine Unsicherheit, ob man es bei Agambens Überlegungen zum Ausnahmezustand mit der rekonstruierenden Beschreibung einer historischen Entwicklung oder einer gleichsam transhistorischen Struktur zu tun hat. Das Problem ist nicht neu; es stellt sich auch bei der Lektüre eines Buchs wie der *Dialektik der Aufklärung* (1944) von Horkheimer und Adorno, das die Urgeschichte des bürgerlichen Subjekts anhand der Homerischen *Odyssee* rekonstruierte. Aber da Agambens Analysen sich nicht auf literarisches Material beschränken, stellt es sich in seinen Texten unbedingter und schärfer, vor allem natürlich in der *Homo sacer III* genannten Studie *Was von Auschwitz bleibt* (2003).

Aufschlussreich für die von Agamben systematisch ausgelotete Grauzone zwischen historisierender Rekonstruktion und strukturaler Analyse sind seine gelegentlichen Anmerkungen zum Status des Beispiels. Es markiert für ihn dieselbe Schwelle zwischen Besonderem und Allgemeinem, um die auch Goethes Urphänomen, Benjamins dialektisches Bild und Warburgs

Pathosformel kreisen: »Ein Begriff, der der Antinomie von Allgemeinem und Besonderem entgeht, ist uns seit jeher vertraut: es ist das Beispiel. [...] Einerseits behandelt man jedes Beispiel als einen Einzelfall, andererseits geht man davon aus, daß es als Besonderes seine Gültigkeit verliert.« (KG 15) In einem Zeitungsinterview hat Agamben entsprechend erläutert: »Aber ich bin kein Historiker. Ich arbeite mit Paradigmen. Ein Paradigma ist so etwas wie ein Beispiel, ein Exempel, ein historisch einmaliges Phänomen [...]. Dann benutze ich das Paradigma, um eine größere Gruppe von Phänomenen zu bilden und eine historische Struktur zu verstehen.«[18] Das als Paradigma verstandene Beispiel ist also weder allgemein noch besonders, und weil es in gewisser Hinsicht doch beides zugleich ist, bezeichnet Agamben seine Janusgesichtigkeit gelegentlich auch als Singularität.

Einmal abgesehen von den Problemen, die dieser Vorschlag im Falle von Auschwitz aufwirft (vgl. Kapitel IV.6c), um dessen singulären Status im so genannten ›Historikerstreit‹ der späten 80er Jahre in anderem Sinne debattiert wurde, führen die Priorität der Beispiele und der entsprechende Materialreichtum fast zwangsläufig zu einer verwirrenden Trübung der Begriffe. Unbefangene Leser muss z.B. der Umstand irritieren, dass Agamben die drei Begriffe ›Politik‹, ›Staat‹ und ›Recht‹ tendenziell so gebraucht, als sei einer durch den anderen ersetzbar. Dieser Sprachgebrauch ist umso befremdlicher, als im demokratischen Rechtsstaat die drei Begriffe den drei Gewalten korrespondieren. Politik ist das Reich der Legislative, die Gesetze erlässt oder vorschlägt. Der Staat tritt intern vornehmlich in der Exekutive in Erscheinung, welche die Befolgung der Gesetze gewährleistet (wozu ihr Exekutivorgane wie z.B. die Polizei zur Verfügung stehen). Das Recht schließlich bildet den Bereich der Judikative, der im Rechtsstaat allerdings eine Sonderrolle zukommt, denn sowohl Legislative als auch Exekutive sind in letzter Instanz an das Recht gebunden. Das Bundesverfassungsgericht oder der *supreme court* in den USA entscheiden unabhängig von der Legislative, ob dieses oder jenes Gesetz verfassungskonform ist. Das Recht ist also eine souveräne Instanz, der gegenüber sich alle Teile des Systems verantworten müssen. Eben diese Souveränität des Rechts ist aber der Grund dafür, dass Agamben Politik, Staat und Recht systematisch konfundiert. Dabei geht es ihm nicht um die Gefahren einer korrumpierbaren Judikative, sondern seine Kritik setzt unmittelbar an der Souveränität des Rechts als Inbegriff der staatlichen Souveränität an. Unter dem Einfluss des Rechts sei unser Politikverständnis so hoffnungslos verarmt, dass wir uns politisches Denken jenseits juristischer Vorgaben und Terminologie gar nicht mehr vorstellen könnten. Agamben behauptet sogar, dass auch die moderne Ethik mit ihren zentralen Begriffen wie Schuld oder Verantwortung insgeheim juridisch prädisponiert sei (vgl. Kapitel IV.6 c). Deshalb verfolgt er eine fundamentale Kritik des Rechts als der Instanz, die unser gesamtes Handeln und Denken seit der Antike durchgreifend bestimmt habe. In der absichtlichen Verwirrung der Begriffe Staat, Politik und Recht spiegelt sich folglich die problematische Verquickung dieser Aspekte unter dem Einfluss des Rechts.

Ohne Zweifel ist das Recht im Verein mit den modernen Wissenschaften zusehends in Lebensbereiche eingedrungen, die vorher noch außerhalb seines Geltungsbereichs lagen. Da braucht man nicht erst die moderne Medizin zu bemühen. Die Erziehung war zum Beispiel lange Zeit ausschließliches Privileg der ›Erziehungsberechtigten‹, in das sich Schule oder andere staatliche Institutionen nicht ohne Weiteres einmischen durften. Das ist längst nicht mehr so, und wer an Kindesmisshandlungen denkt, wird sagen: zum Glück. Aber die Kehrseite des staatlichrechtlichen Zugriffs zeigt sich spätestens dann, wenn, wie in den USA häufig, mit ihren Kindern schmusende Eltern sich wegen sexuellen Missbrauchs vor Gericht verantworten müssen. Auf solche Ambivalenzen macht Agamben in großem Stil aufmerksam. Er behauptet, dass alle rechtlichen Errungenschaften uns stets auch stärker der staatlichen Überwachung ausgesetzt haben. Aber solche Ambivalenz ist für Agamben weder ein allgemein menschliches Dilemma noch eine unausweichliche Dialektik, sondern hat eine Struktur, die man aufdecken, beschreiben und folglich auch kritisieren kann, um so Möglichkeiten politischen Handelns und Denkens zu eröffnen, die solcher Ambivalenz eventuell entraten können.

Nicht nur die rücksichtslose Verfolgung der Ambivalenzen des Rechts, sondern vor allem deren Rückführung auf die aporetisch-paradoxe Grundstruktur der Souveränitätsproblematik (vgl. Kapitel IV.1) führt jedoch bei Agamben selbst zu einer scheinbar unauflöslichen Ambivalenz. Er treibt die Aporien der Rechtsstaatlichkeit so weit, dass der einzige Ausweg die Abschaffung des Staates und jeden Rechts überhaupt zu sein scheint. Die wenigen Konzepte, die Agamben als Alternative anzubieten hat, sind rätselhaft. So erwartet er von einer gelegentlich eingeforderten »neuen Politik« ein anderes Verhältnis zur Sprache oder alludiert Erwartungen, die nur ein Messias zu erfüllen vermöchte (vgl. Kapitel IV.6). Die sich bei der wiederholten Lektüre Agambens immer dringlicher stellende Grundfrage lautet deshalb, ob denn das Recht an sich und in jeder Form verwerflich sei, weil es die aporetischen Strukturen reproduziert, denen es sich verdankt, oder ob wir neue und andere Rechte brauchen und ob Recht und Gesetz unter Umständen gar nicht so monolithisch sind, wie Agamben sie darzustellen neigt. Die Anlage seiner Schriften provoziert diese Frage, deren Beantwortung er allerdings dort meistens schuldig bleibt. Eine indirekte und sozusagen praktische Antwort hat Agamben jedoch in anderen Kontexten gegeben. In seinen öffentlichen Interventionen auf den Seiten der großen europäischen Zeitungen hat er immer wieder unmissverständlich und sehr konkret für die Menschen- und Bürgerrechte Partei ergriffen, die er zusehends einer strukturell bedingten Gefahr ausgesetzt sieht. Vielleicht verbirgt sich dahinter eine Doppelstrategie: eines ist die geduldige Analyse, ein anderes die öffentliche Positionierung. Wenn Agamben in seinen Büchern dazu neigt, die Dinge bis zur Aporie zuzuspitzen, dann verdankt sich das vielleicht einer Überlegung, die auch die methodologisch uneinigen Denker Adorno und Benjamin geteilt haben: am Extrem sei anzusetzen und allein die Übertreibung habe Wahrheitschancen.[19] Im Übrigen bleibt nur zu hoffen, dass Agamben ›übertrieben‹ hat. Gegenwärtig sieht es danach nicht aus.

Das folgende Kapitel zeichnet zunächst die Denkwege des Philologen zwischen Philosophie und Literatur nach. Die knapp gehaltenen Referate zu Agambens vor dem ersten Homo-Sacer-Buch erschienenen Texten konzentrieren sich im Wesentlichen auf zwei Anliegen, die auch in die späteren Texte eingegangen sind: den Begriff der Erfahrung einerseits und Agambens Umdeutung der aristotelischen Kategorien Wirklichkeit und Möglichkeit andererseits. Für Agambens Neuformulierung der Frage nach einem menschlichen Leben sind diese beiden Problemfelder von einiger Bedeutung.

III Denkwege zwischen Philosophie und Literatur

1. Das Problem der Erfahrung *(Der Mann ohne Inhalt; Stanzen; Kindheit und Geschichte)*

Als Platon die Dichter aus demselben idealen Staat verbannte, der für Philosophen höchste Ämter und Ehren vorsah, führte er die Feindschaft zwischen Philosophie und Literatur bereits als alten Topos an. Auch nachdem das Platon leitende Prinzip der Nachahmung längst von der Vorstellung einer autonomen Kunst abgelöst worden war, hat sich diese Feindschaft erhalten und in der Moderne die Gestalt wechselseitiger Ausschließung angenommen: als besäße die Literatur, was der Philosophie fehlt, und umgekehrt. Sofern der Dichtung ihr Gegenstand sinnlich und als schöner gegeben ist, kann er kein Gegenstand ihres Wissens sein. Die Philosophie weiß um ihren Gegenstand, aber sie hat ihn nicht. Weil er ihr nicht sinnlich gegeben ist, kann sie ihn weder genießen noch darstellen. In ihrer aporetischen Angewiesenheit aufeinander spiegelt sich in dieser Feindschaft auch die Trennung zwischen sinnlicher Erfahrung und verstandesmäßiger Erkenntnis seit Kant. In seiner *Kritik der Urteilskraft* (1790) hatte Kant zwar dem ästhetischen Urteil über schöne Gegenstände eine wichtige Vermittlungsrolle zugesprochen, aber letztlich doch auf strikter Trennung von Verstand und Erfahrung als den separaten Stämmen aller Erkenntnis insistiert. In Hegels *Vorlesungen über die Ästhetik* (1827) spitzte sich die Feindschaft zwischen Dichtung und Philosophie noch einmal zu. Hegel behauptete, dass der Siegeszug der Philosophie ein Ende von Kunst und Dichtung bedeute.

Hegels *Vorlesungen* gelten als Beschluss der von Baumgarten begründeten Disziplin der philosophischen Ästhetik. In seiner *Aesthetica* (1750-58) versuchte Baumgarten, der sinnlichen Wahrnehmung im Gegenzug zu Leibniz eine Erkenntnisleistung eigener Art zuzusprechen. Damit begannen die philosophischen Bemühungen um das Schöne und die Kunst, die in den großen Systemen des Idealismus (Fichte, Schelling, Schiller, Hölderlin) ihren Höhepunkt fanden. Erst Hegel beschneidet die philosophischen Kompetenzen der Kunst und wertet sinnliche Wahrnehmung im Namen der Philosophie wieder ab. Dieses Zwischenspiel der philosophischen Ästhetik von Baumgarten bis Hegel nimmt sich zunächst so aus wie ein vorübergehender Waffenstillstand im Kampf zwischen Philosophie und Literatur. Aber zum einen handelt es sich um eine *philosophische* Inthronisierung der Kunst, zum anderen reproduzieren die verschiedenen Modelle der philosophischen Ästhetik intern genau dieselben antinomischen Strukturen, die das Verhältnis von Philosophie und Dichtung bestimmten.

In seinem 1994 erschienenen Buch *L'uomo senza contenuto* (= *Der Mann ohne Inhalt*) weist Agamben die inneren Spaltungen auf, die die verschiedenen Ansätze der philosophischen Ästhetik durchziehen. So stehen Darstellungs- und Rezeptionsästhetik einander ebenso unvermittelbar gegenüber wie der Künstler dem Zuschauer bzw. Leser. Auch die Kluft zwischen der Rolle des Genies für die Kunst und der Theorie des Geschmacks erweist sich als unüberbrückbar. Innerhalb des literarischen Kunstwerks wird zwischen Form und Inhalt nicht anders unterschieden als zwischen Erfahrung und Erkenntnis in der Philosophie. Diesen inneren Frakturen der Ästhetik setzt Agamben aber nun keine Einheit entgegen. Im Gegenteil verfolgt er eine radikalisierende Destruktion aller Ästhetik, um dadurch eine andere, nicht mehr ästhetische Erfahrung von Kunst und Dichtung vorzubereiten. Die Verabschiedung aller Ästhetik durch die kritische Analyse ihrer inneren Widersprüche sei notwendig, wenn das Kunstwerk seinen ursprünglichen Status wiedergewinnen wolle. Vage, aber voller Pathos und in engem Kontakt mit ähnlichen Überlegungen Martin Heideggers, der zu den schärfsten Kritikern der philosophischen Ästhetik gehört, deutet der letzte Essay des Bandes an, dass Kunst einmal das Maß des Menschen gewesen sei und es eventuell wieder werden könne.

Dass eine solche Neubegründung der Kunst ungewiss ist, geht aber nicht allein auf Rechnung der Philosophie oder der philosophischen Ästhetik. Bei ihren Bemühungen um die Wahrheit haben sich sowohl die Philosophie als auch die Dichtung – so sah es Agamben schon in den 70er Jahren – der vorgesehenen Arbeitsteilung zwischen Erfahrung und Erkenntnis auch in ihrem eigenen Selbstverständnis weitgehend angepasst. Die philosophische Tradition habe folglich versäumt, eine eigene Sprache zu entwickeln, weil sie meinte, der Königsweg zur Wahrheit könne sich den Umweg über das Problem der Darstellung schenken. Die Dichtung habe ihrerseits versäumt, eine Methode und ein entsprechendes Selbstbewusstsein zu entwickeln. Deshalb wurden beide nach dem Zusammenbruch des Idealismus im 19. Jahrhundert von den Naturwissenschaften überholt.

Weil Agamben jedoch verfallsgeschichtliche Verlaufsmodelle ablehnt, enthält dieselbe Geschichte der zusehends antinomischen Verstrickung von Philosophie und Literatur auch schon gegenläufige Möglichkeiten. Ein bedeutendes Korrektiv ihrer Entwicklung stellt (nicht nur für Agamben) die Programmatik der deutschen Romantik dar, insbesondere die Friedrich Schlegels. Sein im 116. *Athenäumsfragment* skizziertes Konzept einer

»progressiven Universalpoesie« fordert u.a. die Vereinigung von Philosophie und Dichtung. Die Bestimmung der romantischen Universalpoesie »ist nicht bloß, alle getrennte Gattungen der Poesie wieder zu vereinigen, und die Poesie mit der Philosophie und Rhetorik in Berührung zu setzen. Sie will, und soll auch Poesie und Prosa, Genialität und Kritik, Kunstpoesie und Naturpoesie bald mischen, bald verschmelzen.«[20] Schlegel bezweckte freilich nicht die Restauration verlorener Einheit in Form eines gigantischen Gesamtkunstwerks. Allein als unendliche Annäherung und permanente Progression ist das Projekt romantischer Poesie realisierbar. Das bekundet sich auch in den von der Romantik bevorzugten Ausdrucksformen wie dem auf Abbruch und Fortsetzbarkeit angelegten Fragment oder dem Essay, denn es gehört zum Wesen der romantischen Poesie, »daß sie ewig nur werden, nie vollendet sein kann«[21]. Von entscheidender Bedeutung für diesen Prozess sind poetische Reflexion und Kritik, denn nach Schlegel vermag die progressive Universalpoesie ihrem Anspruch nur dadurch gerecht zu werden, dass sich jedes Gebilde selbst zersetzt, um sich in der zerstörenden Reflexion aufheben und neu bilden zu können: »frei von allem realen und idealen Interesse auf den Flügeln der poetischen Reflexion in der Mitte schweben, diese Reflexion immer wieder potenzieren und wie in einer Reihe von Spiegeln vervielfachen«[22]. Dieses Prinzip kennen die Romantiker auch unter dem Begriff der ›romantischen Ironie‹. Hegel schalt sie als hypertrophen Subjektivismus. Aber seine polemische Charakterisierung der romantischen Ironie trifft die gemeinte Sache dennoch sehr gut:

»Denn wahrhafter Ernst kommt nur durch ein substantielles Interesse, eine in sich selbst gehaltvolle Sache [...] auf. [...] Aber auf dem Standpunkte, auf welchem das alles aus sich selbst setzende und auflösende Ich der Künstler ist, dem kein Inhalt das Bewußtsein als absolut und an und für sich, sondern als selbstgemachter, zernichtbarer Schein erscheint, kann solcher Ernst keine Stätte finden [...] Diese Ironie hat Herr Friedrich von Schlegel erfunden, und viele andere haben sie nachgeschwatzt oder schwatzen sie von neuem wieder nach.«[23]

Was Hegel denunzierte, markiert für Agamben die Geburt eines Begriffs von Kritik jenseits der Spaltung von Literatur und Philosophie. Die Souveränität solcher Kritik behauptet sich in ihrer Fähigkeit zur Selbstnegation; als negative Bewegung vermag Kritik die Spaltung von Philosophie und Dichtung erfolgreicher zu überwinden als die (sie intern reproduzierende) philosophische Ästhetik. Den hohen Ansprüchen dieses Kritikbegriffs habe streng genommen nach den Romantikern nur noch einer entsprochen: Walter Benjamin in seinem *Ursprung des deutschen Trauerspiels* (1927), bekennt Agamben am Anfang seines ersten Buchs *Stanzas*. Benjamins Studie galt dem erst in den 20er Jahren nach jahrhundertelanger Vernachlässigung wiederentdeckten deutschen Barockdrama des 17. Jahrhunderts.[24] Das schwierige und eigenwillige Buch rekonstruiert die heute abstrus anmutenden Trauerspiele Gryphius', Lohensteins und anderer als eine Intervention im Streit zwischen Poesie, Philosophie und Philologie, die an Radikalität womöglich noch die Invektiven der späteren Romantiker übertreffe. Im Unterschied zur philosophischen Tradition ging es sowohl den Romantikern als auch Benjamin in seinem Barockbuch um die Kritik am Schönen als Inbegriff der Kunst. Zur Konzeption seiner Studie gehört jedoch ebenso wesentlich, dass Benjamin die anti-ästhetischen Qualitäten des Barock in direktem Bezug auf den zeitgenössischen Expressionismus konturierte, dessen Verfahren und Probleme sich im Medium barocker Trauerspiele reflektieren lassen. Die philologisch-historische Rekonstruktion des Trauerspiels stand also im Zeichen ›unserer eigenen historischen Erfahrung‹.

Agambens erste Publikation, 1977 im Turiner Einaudi Verlag erschienen, der auch seine weiteren Bücher verlegt hat, versucht für die Dichtung des 13. Jahrhunderts zu leisten, was Benjamin mit dem Trauerspiel-Buch gelungen war und Warburg für die Renaissance (vgl. Kapitel II). Vordergründig handelt es sich bei *Stanzas* um einen Beitrag zur italienischen Liebeslyrik des 13. Jahrhunderts, um die in ihrer vielfältigen Belesenheit außerordentlich beeindruckende historisch-philologische Rekonstruktion der mittelalterlichen Theorie der Einbildungskraft aus ihren unterschiedlichen antiken Quellen bei Aristoteles und der neuplatonischen Pneuma-Lehre. Diese fast verschütteten Theorien erlauben die Erhellung einer weder bei Warburg noch in der Studie seiner ersten Rezipienten und Schüler zur Melancholie[25] adäquat gewürdigten erotischen Dimension der Melancholie, die in der Liebeslyrik des 13. Jahrhunderts aufscheint. Es sind jedoch nicht allein historische Interessen, denen Agambens Rekonstruktion der antiken Ursprünge der christlichen Todsünde *acedia* (= Trägheit des Herzens, in ihren Symptomen der Melancholie eng verwandt) dient. Vielmehr formieren sich die verschiedenen Elemente der *acedia*, der Erotik und der Melancholie zu einer vormodernen Theorie der poetischen Imagination, die jenseits der Spaltung von Wissen und Genuss operiert.

Diese Theorie ist ihrerseits auf einen viel späteren Fluchtpunkt bezogen, von dem aus sie das Licht ›unserer historischen Erfahrung‹ gewinnt. Neben die antike und mittelalterliche Theoriebildung zur Melancholie tritt nämlich Agambens Auseinandersetzung mit den modernen Theorien des Fetischismus bei Marx (Warenfetischismus) und Freud. Sowohl die neueren Theorien des Fetischismus als auch die älteren der Melancholie prüft Agamben als Modellfälle eines Denkens, das die Trennung von Erfahrung und Verstand, Besonderem und Allgemeinem, unterläuft. Über deren Gegensatz setzen sich Melancholiker und Fetischisten insofern hinweg, als ihnen weder das eine noch das andere möglich ist. Weil genießender Besitz und wissendes Erkennen dem Fetischisten und dem Melancholiker gleichermaßen unmöglich sind, eröffnet ihre Theoretisierung für Agamben Ausblicke auf ein anderes Modell von Erfahrung: jenseits arbeitsteiliger Verfahren, aber doch diesseits phantasmatischer Einheit.

Es geht in *Stanzas* also weder nur um die Wiederentdeckung verschütteter antiker Quellen im Mittelalter noch um das Nachleben der mittelalterlichen Spekulationen über die Melancholie in modernen psychoanalytischen und marxistischen Diskursen. Beides steht programmatisch im Dienst der Suche nach alternativen Erkenntnisformationen, die vor allem um einen anderen Begriff von Erfahrung kreisen. Dieses Anliegen zieht sich als roter Faden von Agambens frühesten Publikationen bis zum Homo-Sacer-Projekt. Gewährleistet wird diese Kontinuität nicht zuletzt durch Agambens steten Rückbezug auf Walter Benjamin.

Es dürfte in den 70er Jahren nur eine Handvoll Autoren gegeben haben, die sich mit Benjamins Gesamtwerk (und nicht nur mit dem damals häufig zitierten Aufsatz *Das Kunstwerk im Zeitalter seiner technischen Reproduzierbarkeit*) derart intensiv wie Agamben auseinander gesetzt haben. Noch erstaunlicher und für die Zeit befremdlich ist aber die nicht minder starke Präsenz des Philosophen Martin Heidegger. Der 35-jährige Agamben, der sich auf den ersten Seiten seiner ersten Publikation auf Walter Benjamins Barockbuch als Ideal seines eigenen Kritikverständnisses beruft, hat *Stanzas* dem 1976 verstorbenen Heidegger gewidmet. Obwohl sich Benjamin ganz anderen Gegenständen als Heidegger zuwendet, treibt beide dasselbe Bedürfnis, Denkwege zu erproben, die jenseits der arbeitsteiligen Zuständigkeit von Literatur und Philosophie für Besonderes und Allgemeines verlaufen. Wo dieses Bedürfnis die Form einer kritischen Auseinandersetzung mit dem Problem der Erfahrung in der Moderne annimmt, ergeben sich zwischen Heidegger und Benjamin unmittelbare Konvergenzen. Beide kritisieren den modernen Zerfall der Erfahrung in das subjektive Erlebnis einerseits und die prätendierte Objektivität des Positivismus andererseits. Während Benjamin von Kant ausgeht, ist Heideggers Reflexion der Erfahrung an die Prämissen der eigenen Seinsphilosophie gebunden.

Im Rückgriff auf philosophische Begriffe der griechischen Antike, deren ursprüngliche Bedeutung schon bei ihrer Übersetzung ins Lateinische verloren gegangen sei, versuchte Heidegger eine alte Fragestellung zu erneuern: Was ist der Sinn von Sein?[26] Heidegger selbst hat den Beginn seines Philosophierens auf die Lektüre des Buchs von Franz Brentano *Von der mannigfachen Bedeutung des Seienden bei Aristoteles* (1862) datiert. Im Ausgang von Aristoteles entwickelte er seine Fragestellungen, die im nicht vollendeten Hauptwerk *Sein und Zeit* (1927) ausgearbeitet wurden. Grundlegend für Heideggers Formulierung der so genannten ›Seinsfrage‹ ist die Unterscheidung zwischen solchem, von dem gesagt werden kann, dass es in irgendeiner Weise sei oder existiert (›Seiendes‹), und dem ›Sein‹ als der Weise, den Modi oder Formen, in denen etwas ist. Schlechterdings von allem kann man sagen, dass es irgendwie erscheint oder ist, aber das ›Erscheinen‹ und das ›Sein‹ erscheinen selbst nicht als Seiendes. In der philosophischen Tradition hat man zwar immer nach einem höchsten Seienden gesucht und es in Gott, der Natur, der Kunst oder dem Subjekt gefunden geglaubt. Wesentlich für Heideggers Ansatz ist dagegen die Einsicht, dass das Sein nicht selbst ein Seiendes ist. Dies ist die so genannte ›ontisch-ontologische Differenz‹. Heideggers Seinsbegriff bezeichnet also keine irgendwie definierbare Substanz. Vielmehr zeigt bereits alltägliche Erfahrung, dass wir je schon im Horizont einer bestimmten Auslegung von Sein handeln. Diese Erfahrung, das ›Dasein‹ des Menschen, ist deshalb der Leitfaden, an dem Heidegger die Frage nach dem Sein entwickelt. Phänomenologisch ist Heideggers Ansatz, weil er davon ausgeht, wie uns die Dinge erscheinen, statt nach ihrer Substanz zu fragen. Auch deshalb haben für Heidegger alltägliche Erfahrungen wie Sorge und Stimmungen eine Art philosophischen Vorsprung; sie bergen ein Potential, welches das Denken einholend entfalten soll.

Das deckt sich in mancher Hinsicht mit Walter Benjamin, dessen früheste Überlegungen zum Problem der Erfahrung in einem kurzen Text mit dem Titel *Über das Programm der kommenden Philosophie* dargelegt sind. Dort zeichnet er den Prozess nach, in dem Erfahrung ihre philosophische Dignität seit Kant eingebüßt hat, und plädiert für Erfahrung als ein eigenes Vermögen, das den drei kantischen Vermögen der Einbildungskraft, der Vernunft und der Urteilskraft hinzuzufügen sei.

In dieser doppelten Tradition einer umdeutenden Rehabilitation des Erfahrungsbegriffs steht auch Agambens zweites Buch *Kindheit und Geschichte. Zerstörung der Erfahrung und Ursprung der Geschichte* (ital. 1978, wiederaufgelegt 2001; dt. 2004). Während *Stanzas* das Problem der Erfahrung im Rückgriff auf eine Denktradition thematisiert, die die moderne Spaltung von Human- und Naturwissenschaften noch nicht (Mittelalter) oder nicht mehr (Psychoanalyse und Marxismus) kannte, nähert sich Agamben in seinem folgenden Buch derselben Grundproblematik anhand des Verhältnisses von Stimme und Sprache. Im humanistischen Verständnis spielt die antike Definition des Menschen als eines sprachbegabten Tiers (*zoon legon echon*) eine wichtige Rolle. Im Aspekt von Stimme und Sprache setzt sich Agamben in seinem Buch kritisch mit diesem Menschenbegriff auseinander. In dem später verfassten Vorwort zu *Kindheit und*

Geschichte heißt es: »Gibt es eine menschliche Stimme, eine Stimme, die die Stimme des Menschen ist, so wie das Zirpen die Stimme der Zikade oder das Iahen die Stimme des Esels ist? Und ist diese Stimme, wenn sie tatsächlich existiert, die Sprache? Welches Verhältnis besteht zwischen Stimme und Sprache, zwischen *phóné* und *logós*? Und wie kann der Mensch noch als jenes mit Sprache begabte Lebewesen definiert werden, wenn so etwas wie die Stimme nicht existiert?« (KuG 7) Zwischen Rede bzw. Stimme und Sprache, zwischen dem Vollzug des Sprechens und der Sprache als lexikalischem Bestand, gibt es für Agamben einen unüberbrückbaren Hiatus.[27] »Der Raum zwischen Stimme und Logos ist ein leerer Raum.« (KuG 15)

Wenn Agamben die Frage, ob die Stimme des Menschen die Sprache sei, folglich verneint, so überantwortet er deshalb die Frage, was Mensch sei, dennoch nicht einem Unsagbaren oder Unaussprechlichen. Dass die Sprache des Menschen in Stimme und Sprache, *phone* und *logos*, zerfällt, prädestiniert sie in Agambens Sicht zu einer Erfahrung, deren Gegenstand nichts anderes als die Lücke ist, die zwischen Stimme und Sprache klafft.[28]

Diese scheinbar nur negative Erfahrung eines Unterschieds, eines leeren Raums oder eines Hiatus zwischen Sprechen und Gesprochen-Sein ist für Agamben zugleich die Bedingung der Möglichkeit von Ethik und Politik. So wie der Verfall der Erfahrung in der Moderne nicht nur ein Verlust ist, sondern Möglichkeiten bereitstellt, Unerfahrbarkeit als solche zu erfahren, so setzt auch der Bruch zwischen Stimme und Sprache die Möglichkeit einer menschlichen Gemeinsamkeit frei, die nicht in einer geteilten Substanz besteht, sondern in dem Fehlen, dem Mangel an Substanz, den alle Subjekte teilen und der alle Subjekte teilt. Wittgenstein hat in einem Vortrag formuliert, dass »der richtige sprachliche Ausdruck für das Wunder der Existenz der Welt« kein in der Sprache geäußerter Satz sei, sondern »der richtige

Ausdruck sei die Existenz der Sprache selbst« (Wittgenstein, KuG 16). Agamben führt das Gedankenexperiment weiter mit der Frage, welches der richtige Ausdruck für die Existenz der Sprache sei, wenn die Existenz der Sprache der geeignetste Ausdruck für das Staunen über die Existenz der Welt ist: »Die einzig mögliche Antwort auf diese Frage lautet: Das menschliche Leben, sofern es *éthos*, ethisches Leben ist. Eine *pólis* und eine *oikía* zu suchen, die auf der Höhe dieser leeren und voraussetzungslosen Gemeinschaft sind, ist die kindliche Aufgabe der kommenden Humanität.« (KuG 17) Agamben spricht von Kindheit im Sinne des lateinischen *infans*, des Nicht-Sprechenden. Gemeint ist damit nicht die Erfahrung eines Unsagbaren, sondern Kindheit ist der Name für eine Erfahrung mit jenem Leerraum in der Sprache, der Bedeutung überhaupt erst ermöglicht: »denn es ist klar, daß es für ein Wesen, dessen Erfahrung der Sprache nicht immer schon in *Sprache* und Rede gespalten wäre [...] weder Wissen noch Kindheit noch Geschichte geben kann: Es wäre immer schon mit seiner sprachlichen Natur vereint und würde nirgends eine Diskontinuität oder eine Differenz finden, in der so etwas wie ein Wissen oder eine Geschichte produziert werden könnte.« (KuG 12)

2. Wirklichkeit und Möglichkeit *(Der Ort der Negativität; Potentialities)*

Agambens Publikationen vor *Homo sacer* arbeiten sich auf verschiedene Weise am Problem der Negativität ab. Von der romantischen Ironie über den Begriff der Kritik bis zur Erfahrung einer Unerfahrbarkeit geht es ihm darum, ein Verständnis von Negativität zu entwickeln, das sich nicht in der bloßen Negation erschöpft, eine Negativität, die weder bloß das Gegenteil von Positivität ist, noch auch in Begriffen wie Unaussprechlichkeit ihrerseits zu einer positiven Substanz gerinnt. Diesen alternativen Begriff der Negativität rückt Agambens drittes Buch *Il linguaggio e la morte: Un seminario sul luogo della negativita* (= *Sprache und Tod. Ein Seminar über den Ort der Negativität*, 1982) ins Zentrum. Die sieben Kapitel rekapitulieren die Diskussionen von Seminarsitzungen, die Agamben 1979 und 1980 abgehalten hat. Ausgangspunkt bildet eine Bemerkung Heideggers, in der Sprechenkönnen und Todeserfahrung verschränkt werden: »Die Sterblichen sind jene, die den Tod als Tod erfahren können. Das Tier vermag dies nicht. Das Tier kann aber auch nicht sprechen. Das Wesensverhältnis zwischen Tod und Sprache blitzt auf, ist aber noch ungedacht.« (Heidegger, N xi) Diesem ungedachten Zusammenhang gehen die folgenden Kapitel anhand detaillierter Lektüren im Wechsel zwischen Hegel und Heidegger nach, um so den möglichen Ort der Negativität näher zu bestimmen. Während das erste Kapitel die Konturen einer solchen alternativen Negativität anhand von Heidegger nachzeichnet, beschäftigt sich das zweite mit Hegels Analyse der sinnlichen Gewissheit in der *Phänomenologie des Geistes.* Diese Art der Parallel- oder Doppellektüre des Dialektikers und des Seinsphilosophen verfolgen auch die anschließenden Kapitel, die vor allem einschlägige Analysen zum Problem der Stimme bei Hegel und Heidegger bieten.

Aber die versuchte Neubestimmung der Negativität hängt auch in diesem Buch schon unmittelbar mit einer Umdeutung des Verhältnisses zusammen, in dem Vermögen, Unvermögen und Akt zueinander stehen. Dass Agamben die Erfahrung des Hiatus zwischen Sprache und Rede bzw. Stimme im Zeichen der *infantia* thematisiert, deutet schon an, dass er das Unvermögen nicht nur als Negation des Vermögens, sondern als dessen eigenständigen Ermöglichungsgrund begreift. Von seinen frühesten Texten bis zu seinen jüngsten umkreist Agamben immer wieder das Problem dieser Kategorien. Die Möglichkeit eines alternativen Erfahrungsbegriffs ebenso wie die Theoretisierung des Gesetzes als Potenz (Kapitel IV.2b) und das Konzept der ›Lebensform‹ (vgl. Kapitel IV.6a) erklären sich erst vor dem Hintergrund der Potenzproblematik.

Seine diesbezüglich zentralen Texte hat Agambens amerikanischer Übersetzer Daniel Heller-Roazen dankenswerterweise in einer Auswahl unter dem Titel *Potentialities* (= *Potentialitäten*) zusammengestellt und mit einem erhellenden Vorwort versehen.[29] In diesen Essays schlägt Agamben vor, das Verhältnis von Wirklichkeit und Möglichkeit bei Aristoteles nicht allein als logisches Problem zu erfassen, sondern als Analyse der verschiedenen Weisen, in denen Potenz existieren kann, also als ontologisches Problem. Dabei stützt er sich vor allem auf die einschlägigen Passagen aus dem Buch »Theta« der aristotelischen *Metaphysik*. Seine (keineswegs kanonische) Lesart macht eine Autonomie der Möglichkeit geltend, die sich im Übergang von einer Möglichkeit zu einer Wirklichkeit nicht erschöpft. Voraussetzung dieser Deutung ist der Umstand, dass für Aristoteles die Möglichkeit (etwas zu tun = *dynamia*) stets auch die Möglichkeit beinhalten muss, es nicht (akut) zu tun (= *adynamia*). So beherrscht der Musiker sein Instrument, auch wenn er gerade nicht spielt. Möglichkeit muss folglich konstitutiv auch als Fähigkeit begriffen werden, etwas nicht zu tun oder zu sein. Damit eine Möglichkeit sich verwirklichen, eine Potenz in einen Akt übergehen kann, muss die Impotenz von der Potenz geschieden werden. Wenn sich im Akt die in der Potenz noch ungeschiedene Einheit von Vermögen und Nichtvermögen spaltet, dann bedeutet dieses »Ablegen der Impotenz« nicht »ihre Zerstörung, sondern im Gegenteil ihre Erfüllung; die Potenz wendet sich auf sich selbst zurück, um sich selbst zu geben« (HS

56).[30] Das ist zugegebenermaßen schwer nachzuvollziehen. Die Schwierigkeit besteht vor allem darin, dass wir gewohnt sind, Möglichkeit und Verwirklichung von der Intention, dem Willen her zu denken, um dann zu unterscheiden, ob einer etwas nicht kann oder nicht will. Aber bevor ich etwas entscheiden oder wollen oder nicht wollen kann, muss die logische Möglichkeit solcher Verhaltensweisen bereits eingeräumt worden sein. Das Subjekt stellt diese Möglichkeiten nicht her, sondern kann sie nur wahrnehmen.

Agambens ontologisierender Umdeutung der logischen Kategorien Wirklichkeit und Möglichkeit liegt die Vorstellung zugrunde, dass Unvermögen nicht das Gegenteil von Vermögen ist, sondern das Unvermögen eine eigene Macht hat und ist, weil auch die Verwirklichung eines Akts nicht ohne das Vermögen auskommt, etwas nicht zu tun.[31] Diese Annahme ist zentral für Agambens Überlegungen zu einer nicht substantiell definierten Form menschlicher Gemeinschaft. Sie knüpft direkt an die Analysen der Melancholie und des Fetischismus an, dic ja auch Verhaltensformen der Untätigkeit und Erfahrungen eines doppelten Unvermögens sind. Die ethischen und politischen Implikationen der Potenzproblematik für die Konstitution menschlicher Gemeinschaft hat Agamben in dem Essayband *Die kommende Gemeinschaft* weiterentwickelt. Im Schlusswort heißt es: »Untätigkeit heißt nicht Trägheit, sondern *katargesis* – sie ist eine Tätigkeit, in der das *Wie* das *Was* vollkommen ersetzt hat, in der das formlose Leben und die unbelebte Form in einer *Lebensform* zusammenfallen. Die Arbeit dieses Buches bestand in der Ausstellung dieser Untätigkeit.« (KG 105) Solches Vermögen zum Unvermögen ist für Agamben der (negative) Grund des Menschseins. In einem Aufsatz aus der amerikanischen Sammlung *Potentialities* wandelt Agamben die alte Definition des Menschen entsprechend ab. Menschen sind die Tiere, die fähig sind, ihr eigenes Unvermögen zu vermögen. Und nur aufgrund dieses Vermögens sei der Mensch stets und vor allem Möglichkeit des Menschseins. (P 182)

In den Essays zum Problem von Wirklichkeit und Möglichkeit finden sich auch die ersten Hinweise auf das Homo-Sacer-Projekt. In einem der Analyse des Reflexivpronomens *se* gewidmeten Text taucht die römische Rechtsfigur des *homo sacer* zum ersten Mal auf (P 116-137, hier 136). An der fraglichen Stelle setzt sich Agamben kritisch mit der Rolle des Opfers als Begründung menschlicher Gemeinschaft auseinander. Die Opferhandlung stellt für ihn einen Versuch dar, sich der Negativität einer ausbleibenden Substanz und Definition des Menschen zu entziehen und die Potenz durch einen Akt zu ersetzen. Das Opfer ist eine Handlung, die von allen anderen Aktivitäten der Gemeinschaft abgetrennt und an rituelle Prohibitionen und Vorschriften gebunden wird. An diesem Punkt seiner Überlegungen zur Rolle des Opfers für Gemeinschaftsgründungen vermerkt Agamben die Ambivalenz dessen, was als heilig gilt. Denn heilig sind die um das Opfer als Gesetze sich formierenden Regeln, aber heilig im Sinne des Verflucht-Seins ist auch derjenige, der die Regeln verletzt und die Gesetze übertritt. Wer sich am Heiligen vergeht, ist aus der Gemeinschaft ausgeschlossen und darf getötet werden, ohne dass der Täter einen Mord begangen hätte. Daraufhin zitiert Agamben die Stelle über den *homo sacer* bei Festus.

In diesem 1985 auf Italienisch publizierten Text bleibt der Zusammenhang, den das Homo-Sacer-Projekt systematisch entfaltet, noch unklar. In der Logik des Opfers, der Rolle des Sündenbocks und im *homo sacer* vermag Agamben zu diesem Zeitpunkt nur erst dunkle Ambivalenzen zu entdecken. Zwar spricht er sich schon hier gegen die Sakralisierung von menschlichem Leben aus, deutet aber nur vage an, dass die Heiligsprechung die Opferlogik perpetuiere. Agamben kritisiert diese Logik, weil sie genau an die Stelle, an der er das Vermögen zum Unvermögen sehen möchte, mit der Opferhandlung einen Akt setzt, um sich so selbst zu begründen, statt der Erfahrung von Unbegründbarkeit Raum zu geben und es damit zu ermöglichen, sich die Macht der Ohnmacht anzueignen.

Dass sich Agambens Reflexion der Potenzproblematik nicht nur in der Auseinandersetzung mit kanonischen Philosophen wie Aristoteles, Heidegger oder Hegel entwickelt, sondern auch eher abseitige Figuren einbezieht, zeigt u.a. sein knapper Essay über ein ehemaliges Mitglied des George-Kreises, den 1942 verstorbenen Literaturwissenschaftler Max Kommerell. (P 77-85) Der als Einleitung zu einer italienischen Auswahlausgabe verfasste Text über Kommerells Verständnis der Geste gehört deutlich in den weiteren Umkreis der hier vorgestellten Überlegungen: Der Verfall der menschlichen Gesten in der Moderne ist nicht nur ein Symptom wachsender Entfremdung, sondern birgt einmal mehr die Chance, dass Menschen sich ihren konstitutiven Mangel an Gesten als ihre eigene Geste aneignen könnten (statt, wie im George-Kreis üblich, verlorene Gesten zu restaurieren). Aber dieser kurze Text, der der jüngeren Kommerell-Forschung wichtige Impulse gegeben hat[32], unterscheidet sich (wie übrigens auch der Warburg-Essay) doch wesentlich von den umfangreicheren Büchern und vielen anderen Texten Agambens. Auf knappstem Raum ist es ihm in seinem Kommerell-Essay gelungen, die Physiognomie des Philologen zu entwerfen. Was immer Agambens eigener Anspruch an kritische Darstellung sein mag, sie zeichnet sich vielleicht auch immer durch die Fähigkeit aus, in der geduldigen Kontemplation den Kontur eines Gegenstands zu umreißen. Der Kommerell-Essay gehört zu den Texten Agambens, in denen die Koinzidenz von eigenem Anliegen und verhandeltem Gegenstand nachdrückliche Evidenzeffekte erzeugt.

Will man diese Lektüreerfahrung auf eine Formel bringen: je kürzer der Text, je schmaler der verhandelte Gegenstand, desto gelungener der Text. Je länger das Ganze, je umfangreicher die verhandelten Gegenstände, desto eher fallen prinzipielles Anliegen und die Exegese des Gegenstandes auseinander. Dann verliert die Darstellung häufig ihre überzeugende Dichte und Fülle; einzelne Denkfiguren verselbständigen sich zu Schematismen und erweisen sich als fungible Versatzstücke der Argumentation.

Neben den wichtigen Anregungen, die Agambens Homo-Sacer-Projekt der Gegenwartsdiskussion zu bieten hat, bleibt Agamben als Denker des Details wohl noch zu entdecken. Wenn es so etwas wie die Authentizität eines Denkens gibt, dann bewährt sich seines an der kleinen Form, den meditativen Denkbildern aus *Idee der Prosa* oder den Skizzen aus *Das Offene. Der Mensch und das Tier.* Manchmal ist es nicht mehr als eine Beobachtung, die überraschende Perspektiven eröffnet und auf Anhieb überzeugt: dass z.B. die spätesten Gedichte Hölderlins Vorboten der Sprache Robert Walsers sind (KG 56). Von Walsers Figuren sagt Agamben auch, dass sie in einer Vorhölle jenseits von Seligkeit und Verdammnis leben (KG 12). In ihrer konzentrierten Kürze und gelungenen sprachlichen Form erscheinen die kurzen Prosaskizzen als Denk- und Lektüreeinladungen. Ihr Gehalt ist darum nicht minder gewichtig; aber die ästhetische Verknappung macht den jeweiligen Grundgedanken häufig klarer als die mit viel theoretischer Last befrachteten Bücher über den *homo sacer*.

Vielleicht ist es kein Zufall, dass sich Agambens gelungenste Beobachtungen und Einfälle vorzugsweise an genuin literarischen Texten entzünden. Jedenfalls darf als sein bisher schönstes Buch ein schmaler Band mit Aufsätzen und Vorträgen zur italienischen Lyrik gelten, in denen sich philologische Luzidität und affektive Intensität in einer so hinreißenden und zugleich seltsam rührenden Weise kreuzen, dass niemand mit auch nur rudimentärer Affinität zur Literatur sich dem Reiz dieser Aufsätze wird entziehen können. Dabei verhandeln die leider bisher noch nicht ins Deutsche übersetzten, aber in einer guten englischen Übersetzung zugänglichen *Categorie italiane: Studi di Poetica*[33] kanonische gattungspoetologische Themen mit langer philologischer Tradition, wie z.B. die dem Laien zunächst eher spröde erscheinende Materie der Verslehre und Metrik. Aber Agambens Umgang mit diesen Themen kann man, auch wo es sich um philologische Kärrnerarbeit handelt, nicht anders als inspiriert nennen. Ein wissenschaftliches Kabinettstückchen eigener Art ist der zweite Aufsatz über Anatomie und Poetik, in dem es um das wohl nur Spezialisten mittelalterlicher Liebeslyrik bekannte prosodische Phänomen des ›Korns‹ geht. ›Körner‹ sind unverbundene Reime innerhalb einer Strophe, die die metrische Einheit punktuell unterbrechen, um sie auf einer Ebene jenseits der strophischen Einheit neu herzustellen. Das Wörtchen *cornar* taucht in einem Manuskript des 13. Jahrhunderts aber auch als Bezeichnung für Analverkehr auf. In einem komischen Reigen lässt Agamben die Deutungsversuche der Philologen Revue passieren, um sich durch deren Labyrinth einen Weg zu bahnen, der von »der Anatomie zur Poetik« und damit sozusagen in das Herz von Dantes Poetik führt. Dabei entscheidet Agamben nicht zwischen einer anatomischen und einer poetologischen Lesart, sondern entwickelt systematisch die implizite Analogie von (Frauen-)Körper und dem Klangkörper des Gedichts. Man wird nicht allen Wendungen und Windungen seiner Argumentation folgen können oder wollen, aber das Spielerische der philologischen Spekulation hat seinen eigenen Charme. Die in diesem Band versammelten Tüfteleien sind gleichsam aus demselben Holz geschnitzt wie die philologischen Vexier- und

Rätselbilder, denen sie gelten. Da bleibt es nicht aus, dass Agamben sich auch zu einem ganz besonderen Rätsel-Manuskript hingezogen fühlt, dessen Verfasser so unbekannt ist wie seine Sprache und das so schwierig zu lesen wie sein Titel auszusprechen ist: *Hypnerotomachia Poliphili* (Venedig 1499). Die wertvolle Inkunabel entstand im Zusammenhang des gelehrten Humanismus, der Latein favorisierte, ist aber auf wundersame Weise mit dem volkssprachlichen Italienisch durchsetzt. Die Rätsel, die sich um das Leben und Sterben von Sprachen ebenso wie um die Genese der Vorstellung ranken, dass es tote und lebendige Sprachen gibt, gehören denn auch zu den Konstanten dieser Poetik-Studien. Bis in die italienische Lyrik des 20. Jahrhunderts (Delfini, Caproni, Pascoli, Morante u.a.) verfolgt Agamben diese Problematik.

Den Auftakt und ältesten Kern der Sammlung bildet ein bereits 1978 veröffentlichter Aufsatz über Dantes Entscheidung für die Gattung der Komödie. Neben die übliche stilistische Definition des Unterschieds zwischen Tragödie und Komödie im Sinne der *genera dicendi* (hohe, mittlere und niedrige Stillage) tritt in einem Brief Dantes an Cangrande mit der Gegenüberstellung von Anfang und Ende ein anders geartetes Kriterium: Die Komödie hebt böse an, um heiter zu enden; die Tragödie beginnt dagegen heiter, bis alles ein böses Ende nimmt. Agamben möchte aber nicht nur das Vorurteil widerlegen, dass das Mittelalter außer dem rein stilistischen keinen tieferen Sinn fürs Tragische oder Komische gehabt und erst die moderne Gattungspoetik die rein formalen Unterscheidungen überwunden habe. Vielmehr will er nachweisen, dass sich die moderne geschichtsphilosophische Gattungspoetik der Romantik und des Idealismus geradewegs der theologischen Schuldauffassung im Mittelalter verdankt. Mit Hilfe der Unterscheidung zwischen persönlicher und natürlicher Schuld rekonstruiert Agamben die vergessenen mittelalterlichen Ursprünge moderner Gattungstheorie und kommt zuletzt zu dem Schluss, dass es eine ›komische‹ Vorstellung der menschlichen Kreatur gewesen sei, die Dante der italienischen Kultur hinterlassen habe.

Tatsächlich eint die Aufsätze nicht nur das Motiv der Poetik, sondern auch der spezifische Bezug zur italienischen lyrischen Tradition, die sich bis tief ins 20. Jahrhundert hinein durch den beharrlichen Vorrang metrisch gebundener Gebilde auszeichnet, den weder die deutsche noch die französische Lyriktradition so kennt.[34]

Dem Vorwort zufolge entstand die Idee zu diesen Aufsätzen in den frühen 70er Jahren in Paris, wo Agamben gemeinsam mit Italo Calvino und Claudio Rugariori das Projekt für eine Art Enzyklopädie entwarf, die auch eine besondere Abteilung mit dem Titel ›Italienische Kategorien‹ enthalten sollte. Agamben, damals wohl noch mit der Abfassung der thematisch eng verwandten *Stanzas* beschäftigt, schlug ›Tragödie/Komödie‹ als sein Stichwort für die italienischen Kategorien vor. So entstand der erste der Aufsätze, dem weitere motivisch und thematisch verwandte Abhandlungen folgten, die zunächst verstreut erschienen und erst 1996 in den *Studien zur Poetik* gemeinsam publiziert wurden. So persönlich Agamben in dem Vorwort von den konkreten, lebensweltlichen Ursprüngen seiner poetologischen Studien spricht, so intim und unprätentiös sind auch die nur wenige Seiten umfassenden Kurztexte im Anhang des Buchs. Ihr letzter, der das Thema von Tragödie und Komödie wieder aufnimmt, gilt der italienischen Schriftstellerin Elsa Morante, mit der Agamben eine intensive Freundschaft verband. Die persönliche Signatur dieser Rahmung erschließt eine weitere Dimension der Texte, in denen der Verfasser sich mit aller Offenheit und Entschiedenheit die Frage nach dem Verhältnis von Leben und Dichtung stellt. Auf diese Frage, so argumentiert

Agamben verknappend, habe es bisher zwei einander ausschließende Antworten gegeben. Die eine verwechselt die Dichtung mit dem Leben, die andere besteht auf der strikten Isolation der Dichtung vom Leben. Keiner ist er bereit, sich anzuschließen, und favorisiert stattdessen ein Modell ihrer Intimität jenseits von Fusion einerseits und Isolation andererseits. Wer will, mag hierin die Züge dessen erkennen, was Agamben an anderer Stelle als ›Lebensform‹ beschrieben hat, oder sich an seine Konzeption von Gemeinschaft jenseits von Bezug und Beziehung erinnert fühlen (vgl. Kapitel IV.6). Vorblickend auf die Studien zum *homo sacer* ergeben sich jedenfalls vielfältige Anschlüsse und Querverbindungen: z.B. das Verhältnis von Gesetz und Kreatur in der mittelalterlichen Theologie. Die Studien zur Poetik schließen aber auch an frühere Bücher an; so entspricht z.B. die Inkompatibilität semantischer und metrischer Dimensionen dem problematischen Verhältnis von Sprache und Stimme. Aber diese Werkkonstanten sind in den Studien zur Poetik den verhandelten Gegenständen unabtrennbar eingesenkt. Gewiss besteht die große Anziehungskraft der archaischen Figur des *homo sacer* gerade in ihrer Ablösbarkeit aus Kontexten und folgerichtig ihrer Wiedererkennbarkeit in anderen Zusammenhängen. Allerdings führt diese Fungibilität auch zu problematischen Verwechslungen und damit zu methodisch-konzeptionellen Risiken, die die gegenstandsgesättigten Studien zur Poetik so nicht eingehen (vgl. Kapitel IV.6). Aber dem kritischen Einwand, dass der Philologe gefälligst bei seinem Leisten hätte bleiben sollen, ist darum noch nicht stattzugeben. Gerade der ungewohnte Blick auf bekannte Gegenstände setzt Erkenntnispotentiale frei. Ein wirkungsvolles Beispiel sind Agambens Überlegungen zur Gedichtform der Sestine als theologische Hinterlassenschaft (vgl. Kapitel IV, 2d). Vielleicht nicht falsch, aber dennoch unergiebig und deshalb unerheblich ist die achselzuckende Feststellung, dass es Agamben letztlich eben doch um ästhetische oder metaphysische Fragen gehe, die in Gedichten besser aufgehoben seien als in der aktuellen Politik. Mitnichten. Auch deshalb gilt der Hauptteil dieser Einführung den Homo-Sacer-Studien.

Im folgenden Kapitel werden die zentralen Termini der Homo-Sacer-Tetralogie, soweit sie vorliegt, systematisch, aber im engen Kontakt mit Agambens maßgeblichen Quellen erläutert, um anschließend die Frage nach möglichen Wegen aus dem aporetischen Paradox der Souveränität zu stellen und Agambens Antworten zu prüfen.

IV Das Homo-Sacer-Projekt

1. Das Paradox der Souveränität

Von der auf mindestens vier Bände angelegten Homo-Sacer-Serie sind auf Deutsch bisher in chronologischer Reihenfolge erschienen: *Homo sacer. Die souveräne Macht und das nackte Leben* (noch ohne Nummerierung), *Was von Auschwitz bleibt. Das Archiv und der Zeuge* (= *Homo sacer* III), *Ausnahmezustand* (= *Homo sacer* II.1). Im Zentrum der folgenden Abschnitte 1-5 steht vor allem das erste Buch, wobei *Homo sacer* II.1 gelegentlich hinzugezogen wird. Abschnitt 6 gilt neben verstreuten Schriften zum Begriff der Lebensform, dem Konzept des Restes aus dem Paulus-Buch und dem Auschwitzbuch (= *Homo sacer* III).

a) Die ›Schwelle der Ordnung‹

Die Unterscheidung zwischen außerrechtlicher Gewaltanwendung und rechtmäßiger Gewalt, die ein Staat oder ein Staatsorgan auszuüben befugt sind, mag im Einzelfall schwer zu treffen sein, aber als Prinzip ist sie derart selbstverständlich, dass mancher zögert, sanktionierte ›Staatsgewalt‹ gewaltsam zu nennen. Wie schwierig es um die Unterscheidung zwischen sanktionierter und nicht sanktionierter Gewalt auch in demokratischen Rechtsstaaten mit Gewaltenteilung jedoch bestellt ist, zeigen nicht erst umstrittene Konfliktfälle zwischen rechtmäßiger und unrechtmäßiger Gewalt, sondern auch schon Rechtsinstitute wie der Ausnahmezustand, das Streikrecht oder das Kriegsrecht. In diesen und ähnlichen Fällen gewinnt eine im ›Normalfall‹ außerrechtliche Gewalt plötzlich Legitimität. Aber auch Revolutionen und Gründungen neuer Staatsgebilde werfen die Frage nach der Rechtmäßigkeit ihrer Setzungen auf. Generationen von Juristen und Staatstheoretikern haben sich bemüht, das Verhältnis von konstituierender, rechtsetzender und konstituierter, rechtserhaltender Gewalt zu klären. Aber auch sie haben stets vorausgesetzt, dass es einen qualitativen Unterschied zwischen sanktionierter und nicht sanktionierter Gewalt gibt, geben müsse und geben könne.

Vor diesem Hintergrund stellt Agamben eine schlichte Frage: Warum gibt es diese Unterscheidung zwischen rechtmäßiger und unrechtmäßiger Gewalt überhaupt, woher stammt sie, wie wird sie getroffen und wen betrifft sie? Agambens Interesse gilt den logischen und philosophischen, den politischen und topologischen Bedingungen dieser Unterscheidung. Er erforscht die Formen und Figuren, in denen sie vollzogen wurde und wird. Es geht also um die fundamentale Frage, wie darüber entschieden wird, was innerhalb und was außerhalb des Geltungsbereiches einer Rechtsordnung liegt, und um das Problem, wie sich Einschluss und Ausschluss bei solchen Grenzziehungen zueinander verhalten.

Definition und Herleitung rechtmäßiger Herrschaft gehörten lange in den Zuständigkeitsbereich der Souveränitätslehren, die seit der Frühen Neuzeit eine zentrale Rolle in der politischen Theorie vom Staat gespielt haben. Erst spät, mit der Herausbildung der modernen Soziologie (Max Weber), im Zuge einer sich zunehmend ausschließlich prozedural verstehenden Jurisprudenz, und auch dann keineswegs unumstritten, traten die Theorien über die Staatsgewalt in den Hintergrund. Obwohl die einschlägigen Autoren ihre Modelle im 16. und 17. Jahrhundert unter den politischen Bedingungen des Absolutismus entwickelten und meist monarchische Systeme favorisierten, ist die Souveränitätsproblematik als solche immun gegen die Unterscheidung zwischen demokratischen und anderen Staatsformen. Die Frage legitimer Herrschaft betrifft schlechterdings jedes Staatsgebilde mit einer Rechtsordnung.

Bis zum Ausgang des Mittelalters bildete die Souveränitätsproblematik allerdings kein eigenständiges Problem politischer Theorie, da alle politischen Funktionen in der Person des Herrschers vereinigt waren, dessen Legitimität als Statthalter Gottes oder Christi auf Erden keiner weiteren theoretischen Ableitung bedurfte. Aber schon im Investiturstreit deutete sich eine Rivalität zwischen geistlicher und weltlicher Herrschaft an; mit den Konfessionsstreitigkeiten verschärfte sich der Konflikt, und in den Auseinandersetzungen zwischen absolutem Fürstentum und den Ansprüchen der Stände gewann die Frage nach dem Wesen der Staatsautorität zunehmend an Bedeutung. Wenig später schlug die Stunde der modernen Nationalstaaten. In den letzten Jahrzehnten, angesichts globaler Aufgaben und Probleme, ist deren Rolle allerdings derart fragwürdig geworden, dass Agambens Interesse an der Souveränitätsproblematik auf den ersten Blick anachronistisch anmutet. Die mit der Entstehung des nationalen Territorialstaates eng verknüpften Theorien über die Staatsautorität scheinen kaum noch maßgeblich angesichts von globalen Umweltkatastrophen, internationalem Terrorismus und anderen Problemen, die in einem nationalstaatlichen Rahmen schwerlich zu bewältigen sind. Aber gerade die Krise der Nationalstaatlichkeit im Zeitalter der Globalisierung nimmt Agamben zum Anlass, die Frage nach dem Staat noch einmal neu und radikal zu stellen. Solange der Horizont der Staatlichkeit den weitesten Kreis des Gemeinschaftslebens bildete, blieb das Problem der Souveränität darauf beschränkt,

»zu bestimmen, wer innerhalb der Ordnung mit gewissen Machtbefugnissen ausgestattet wurde, ohne dass die *Schwelle der Ordnung* selbst je in Frage gestellt wurde. Heute, da die großen staatlichen Strukturen in einen Prozeß der Auflösung geraten sind [...], wird es Zeit, das Problem der Grenzen und der originären Struktur der Staatlichkeit erneut und in einer neuen Perspektive aufzuwerfen.« (HS 22, Hervorh. E.G.)

Das Neue seines Einsatzpunktes ergibt sich aus Agambens Verwerfung linker Staatskritik. Den Anstrengungen des Anti-Etatismus marxistischer und anarchistischer Provenienz, den Staat auf ein ideologisches Konstrukt der herrschenden Mächte zu reduzieren, das mit seiner Entlarvung von selbst verschwände, wirft Agamben eine Unterschätzung der Souveränitätsproblematik vor. Deshalb wendet er sich zunächst den älteren, von der Linken als schiere Apologetik verdächtigten und folglich weitgehend ignorierten Souveränitätslehren zu. Seine Neuerung auf diesem klassischen Gebiet politischer Theorie besteht in zwei gegenläufigen Bewegungen. Einerseits erweitern und entgrenzen seine eigenwilligen Neulektüren der Souveränitätstheorien von Hobbes über Carl Schmitt bis Georges Bataille den Bedeutungshorizont dieser Problematik so sehr, dass sich Souveränität als eine Art Matrix oder als ein Apriori abendländischer Politik von der Antike bis heute enthüllt. Andererseits verengt Agamben das weitläufige Gebiet der Souveränität auf den einen Aspekt des Verhältnisses, das der Staat und die Rechtsordnung zum ›nackten Leben‹, der kreatürlichen Existenz des Menschen, unterhalten. Er fragt, wie Recht und Staat dieses Verhältnis allererst stiften, um es dann zu verwalten. Traditionelle Souveränitätstheoretiker interessierte das Leben der Menschen primär in ihrer Eigenschaft als Staatsbürger und nicht als Lebewesen. Agambens Analysen verschiedener Theoretiker und unterschiedlichster Quellen führen den Nachweis, dass genau diese

Unterscheidung zwischen politischer Existenz und bloßem Leben immer schon konstitutiv zu den *arcana imperii* gehört hat, unabhängig davon, ob es sich um Monarchien, moderne Demokratien oder die totalitären Systeme des 20. Jahrhunderts handelt (vgl. Kapitel IV.3). Für Agamben liegt im Ausschluss des Lebens von der Politik das Wesen der abendländischen Politik beschlossen.

In Form der Ausschließung des natürlichen Lebens versichert sich die politische Sphäre aber nicht nur ihrer selbst, sondern erhält zugleich auch einen Bezug zum Leben aufrecht, sei es auch nur in der minimalen Schwundform des Ausschlusses. Gleichsam hinter oder vor dem dunklen Punkt des Auseinandertretens von außerrechtlicher und rechtlicher, nicht sanktionierter und sanktionierter Gewalt, den die Souveränitätstheorien umkreisen, entdeckt Agamben als originären Akt der Souveränität die unterscheidende Grenzziehung zwischen dem Menschen als Gegenstand oder Subjekt des Rechts (in seiner Eigenschaft als Staatsbürger, Untertan, Gesetzgeber) und dem Menschen als (bloßem) Lebewesen. Seine zentrale Frage lautet so schlicht wie grundsätzlich: Wie verhält sich die Politik in Gestalt des Rechts zum nackten, d.h. dem von seiner jeweiligen Lebensform entblößten Leben? Nacktes oder bloßes Leben bedeutet für Agamben also nicht ein vorgängiges biologisches Substrat, sondern einen Rest, der erst durch Abstraktionen, Definitionen, Unterscheidungen und Ausschließungen produziert wird.

Im Zeitalter des Klonens, der Stammzellenforschung und möglicher Eingriffe in menschliches Erbgut scheint sich der ehemalige Ausschluss des Lebens aus der politisch-rechtlichen Sphäre in sein Gegenteil verkehrt zu haben. Wie nie zuvor ist das biologische Leben zum Gegenstand staatlich-rechtlicher Entscheidungen geworden. Aber Agamben begreift diese Entwicklung nicht als Umkehrung der strikten Trennung von

Leben und Recht, sondern er versteht sie als das Manifestwerden der latenten Bezüglichkeit, die das ausgeschlossene Leben stets schon an das ausschließende Recht verwies und mit ihm verband. Eine vornehmlich rechtliche und staatliche Regelung des inzwischen wissenschaftlich Möglichen scheint vielen heute so dringlich wie aussichtsreich; Agambens Untersuchungen müssen einen hier skeptisch stimmen, denn das Vertrauen in rechtliche Lösungen perpetuiert einen Zusammenhang zwischen Leben und Recht im Zeichen der Tötbarkeit, der sich von der Macht des römischen Vaters über das Leben seines Sohnes (*vitae necisque potestas*, HS 97 ff.) bis zu den nationalsozialistischen Vernichtungslagern als fatal erwiesen hat. Agambens Konstruktion gipfelt in der Behauptung, dass alle politischen Ordnungen von der Antike bis heute in irgendeiner Weise mit der Unterscheidung zwischen Leben und Recht operiert haben und deshalb im Banne der Logik der Souveränität (des Königs, des Fürsten, des Papstes, des Volkes oder, wie im modernen Rechtsstaat, des Gesetzes) standen und stehen.

Diese Logik der Souveränität zeichnet sich durch das Paradox aus, dass kreatürliche und politische Sphäre, Leben und Recht, einerseits gespalten werden, sich andererseits aber auch auf seltsame Weise im Inneren der Souveränität durchdringen und vermischen. Diese seltsame Doppelung, deren Analyse Agambens Homo-Sacer-Tetralogie sich widmet, kommt auf schillernde Weise in einem der Mottos zum Ausdruck, die er seinem Buch *Homo sacer. Die souveräne Macht und das nackte Leben* vorangestellt hat. Es handelt sich um einen Satz des Juristen Carl von Savigny aus dem Kontext der um 1800 geführten Diskussionen über das Verhältnis von positivem Recht und Naturrecht: »Das Recht hat kein Dasein für sich, sein Wesen vielmehr ist das Leben der Menschen selbst, von einer besonderen Seite angesehen.« Die scheinbar streng getrennten Sphären des Rechts und des Lebens werden hier so dicht aneinander gerückt, dass sie förmlich ununterscheidbar werden und in einer jener »Zonen der Ununterscheidbarkeit« verschwimmen, die Agamben systematisch aufsucht und deren genaue Struktur er analysiert.

Agambens bevorzugter Ausdruck für den Punkt, an dem Identität und Differenz ineinander übergehen, ist die ›Schwelle‹. Im ersten Buch über den *homo sacer* wird der gesperrt gedruckte Ausdruck als Übergang zwischen zwei Kapiteln eingesetzt, die durch eine Schwelle voneinander getrennt und durch dieselbe miteinander verbunden werden. Wer sich auf einer Türschwelle befindet, steht weder im einen noch im anderen Raum, sondern auf einer Grenze dazwischen, an einem Übergang. Sofern der Ausdruck ›Schwelle der Ordnung‹ den Punkt bezeichnet, an dem sich die Ordnung mit dem berührt, was nicht mehr zu dieser Ordnung gehört, ist damit zugleich die Vorstellung vom Anfang oder Ursprung mitzudenken, dessen zeitliche Dimension Agamben in das räumliche Bild der Schwelle überträgt. Etymologisch hängt die Schwelle mit der Welle zusammen, die man mittels einer Schwelle hemmen kann. Demselben metaphorischen Horizont gehört auch der Begriff des Ursprungs an. Es ist anzunehmen, dass Agamben bei der Wahl des Wortes Schwelle auch an Walter Benjamins enigmatische Definition des Ursprungs als eines Strudels oder Wirbels gedacht hat.[35] Die im Begriff der Schwelle angelegte Dimension des Anfangs ist vor allem hervorzuheben, weil daran deutlich wird, dass Agambens Souveränitätstheorie nicht nach der Dialektik von Einschluss und Ausschluss als dem Medium der Verwandlung schon konstituierter sozialer Ordnungen fragt, sondern nach dem Ursprung, der Konstitution von Ordnungen, eben der ›Schwelle der Ordnung‹.[36]

b) Klassische Souveränitätstheorien (1): Bodin, Hobbes, Rousseau

Dem weiten Gesichtskreis seiner Überlegungen gemäß bezieht Agamben das Material für seine Thesen keineswegs nur aus den kanonischen staats- und rechtstheoretischen Quellen. Dennoch ist es im Rahmen einer Einführung sinnvoll, die Positionen einiger Souveränitätstheoretiker wenigstens so weit zu skizzieren, wie zur Erhellung von Agambens Ansatz förderlich.

Zu den frühesten Klassikern staatlicher Souveränität gehören u.a. der Franzose Jean Bodin (1530-1596) und der Engländer Thomas Hobbes (1588-1679). Unter dem unmittelbaren Einfluss der Konfessionsstreitigkeiten verfasste Bodin seine *Six Livres de la République* (1576), worin im Gegenzug zu antiken Staatstheoretikern wie Platon, Aristoteles oder Cicero der Staat zum ersten Mal ausschließlich durch die Kategorie der Souveränität definiert wurde, die »dem Recht gemäß geführte, mit souveräner Gewalt ausgestattete Regierung« (Buch I.1). Obwohl er die Monarchie bevorzugt, kommen für Bodin auch das Volk, die Aristokratie oder der Fürst als mögliche Träger der staatlichen Souveränität in Frage. Den Ursprung der Staatssouveränität, in Agambens Formulierung ›die Schwelle der Ordnung‹ (HS 22), findet Bodin, für den außer Zweifel steht, dass Staaten ursprünglich mit Gewalt gebildet worden sind, in einem anarchischen Zustand des allgemeinen Kampfes, aus dem der Sieger als Souverän hervorgeht. Das staatliche Gewaltmonopol stellt also gewissermaßen die Sanktionierung des Siegers dar, der einen vorrechtlichen, als Naturzustand beschriebenen Kampf siegreich überlebt hat. Die schiere Gewalt, mit der er seinen Sieg erzwang, wird nachträglich, so könnte man sagen, in die Souveränität legitimer Herrschaft umgedeutet.

Das unterscheidet Bodins Lösung des Ursprungsproblems von Hobbes, der zwar den Begriff der Souveränität für ebenso zentral hält und gleichfalls kriegerische Auseinandersetzungen im Vorfeld der Staatenbildung annimmt, aber in seinem 1651 erschienenen *Leviathan* die anthropologisch gestützte These von einem Gesellschaftsvertrag als Ursprung der Staatssouveränität entwickelt. Im Krieg aller gegen alle (*bellum omnium contra omnes*) ist nach Hobbes die höchste Priorität beanspruchende Selbsterhaltung des Menschen bedroht. Dass die Menschen unter solchen Bedingungen um ihr Leben fürchten müssen, motiviert sie zu einem Vertrag, in dem alle das Recht auf Gewalt an einen Einzelnen, den Souverän, abtreten, der als Einziger das Recht über und gegen alle seine Untertanen (*ius contra omnes*) bewahrt. Nicht der Sieg des Überlebenden konstituiert den Staat, sondern die Furcht vor ihrem Tod treibt nach Hobbes die Menschen zur Bildung eines kontraktuell verbindlichen Gemeinwesens. Was unter Hobbes' anthropologischer Prämisse des Selbsterhaltungstriebes zunächst sinnvoll scheint, erweist sich auf den zweiten Blick jedoch als einigermaßen paradox. Wenn die Menschen von der Sorge ums eigene Leben getrieben werden, warum räumen sie dem Souverän das Recht über ihr Leben und ihren Tod ein? Das Motiv der Todesfurcht verbindet vorrechtlichen und rechtlichen Zustand, sofern der mit (Todes)furcht operierende Repräsentant der Staatsautorität das Recht zu töten erhält. Damit erhält sich in ihm die vorrechtliche Gewalt *als* Recht. Agamben hebt diese latente Kontinuität zwischen vorrechtlicher und rechtlicher Situation pointierend hervor: »Die Souveränität stellt sich somit wie eine Einverleibung des Naturzustandes der Gesellschaft dar oder, wenn man will, wie eine Schwelle der Ununterschiedenheit zwischen Natur und Kultur, zwischen Gewalt und Gesetz, und genau in dieser Ununterscheidbarkeit liegt das Spezifische der souveränen Gewalt.« (HS 46)

Dass Souveränitätstheorien nicht zwingend an bestimmte politische Organisationsformen gebunden sind, belegt neben John

Locke (der ebenfalls vom Gesellschaftsvertrag als Ursprung des Rechts ausging, aber als Vorläufer der rechtsstaatlichen Tradition gilt, die Souveränität nicht an den Staat und seine Repräsentanten, sondern an das [Verfassungs-]Gesetz zu binden sucht) auch Rousseau, der Hobbes' Gesellschaftsvertrag unter radikaldemokratische Voraussetzungen gestellt und entsprechend modifiziert hat.[37] Während der oft als Apologet des totalen Staats verdächtigte Verfasser des *Leviathan* immerhin Raum lässt für die Unterscheidung von privaten Interessen und öffentlichen Funktionen der Staatsmitglieder, sieht Rousseaus demokratischer Gesellschaftsvertrag das Ideal vollkommener Gleichheit nur dann gewährleistet, wenn der Einzelne jegliche privaten Interessen dem Gemeinwesen restlos unterordnet. Zwar ist das Volk, die *volonté générale*, der alleinige Souverän, aber Rousseaus Modell setzt die bedingungslose *aliénation totale* des Einzelnen gegenüber der politischen Gemeinschaft voraus. Im Aspekt der Souveränität treten radikale Demokratie und Totalitarismus schon bei ihm in ein merkwürdiges Zwielicht, von dem die Rousseau-Rezeption beredtes Zeugnis ablegt.[38]

Überdies kommt auch Rousseau an der ›Schwelle‹ der Entstehung der legalen Ordnung nicht ohne das Supplement der imaginären Figur eines ›weisen Gesetzgebers‹ aus – milder Abglanz des hobbesschen Souveräns – dessen Funktion freilich in dem Augenblick überflüssig sein soll, da seine Vorschläge vom Volkssouverän angenommen worden sind. Auch Rousseau scheint also auf eine Instanz angewiesen, die zugleich vorrechtlich ist und doch schon an der legalen Ordnung partizipiert. Strukturell korrespondiert Rousseaus ›weisem Gesetzgeber‹ die Janusgesichtigkeit des Souveräns als vorrechtlichem Sieger und rechtmäßigem Souverän bei Bodin, aber auch die Todesfurcht bei Hobbes, die dem Vertrag vorausgeht und nach der Bildung des Gemeinwesens im Recht des Souveräns über Leben und Tod fortbesteht.

In seinen Analysen der zirkulären Struktur von Souveränitätstheorien stellt Agamben immer wieder das Paradox aus, dass die Autoren einerseits eine Art von Recht auch schon im vorrechtlichen Zustand anzusetzen gezwungen sind und dass sich andererseits vorrechtliche Elemente in den rechtlichen Zustand hinüberzuretten scheinen. Auch die Debatten um das Verhältnis von Naturrecht und positivem Recht, angefangen bei der Gegenüberstellung von *physis* (Natur) und *nomos* (Gesetz) in der Diskussion zwischen Platon und den Sophisten, bildet er auf diesen Hintergrund ab. Stets bekundet sich auf der ›Schwelle der Ordnung‹ ein dunkler Zusammenhang zwischen den Sphären, die diese Schwelle voneinander trennt und – wie eine Türschwelle separate Räume – zugleich verbindet. Die Unterschiede der einzelnen Positionen, der historische Abstand, der etwa die Kontroversen zwischen Platon und den Sophisten von Hobbes trennt, sind Agamben zunächst gleichgültig. Er stellt sie nicht prinzipiell in Abrede, aber er stellt sie zurück zugunsten der Gemeinsamkeiten, die sich unter der Beweislast des angehäuften Materials allmählich zu jenem »Paradox der Souveränität« verdichten, dessen volle Entfaltung allerdings Agambens Interpretation der Souveränitätslehre Carl Schmitts mit ihrer exponierten Stellung des Ausnahmezustands vorbehalten ist.

c) Klassische Souveränitätstheorien (2): Kelsen, Schmitt, Pindar

In den politisch bewegten Jahren der Weimarer Republik gewann das Souveränitätsproblem erneut an Aktualität. Der ersten deutschen Demokratie stellte es sich auch in Form der Frage, ob das der demokratischen Verfassung gemäß plural organisierte Parlament überhaupt entscheidungsfähig sei oder ob solches nur unter der Voraussetzung einer staatlichen Einheit gewährleistet werden könne, die über der pluralen Interessenvertretung steht. Die großen Antipoden dieser Debatte in den 20er Jahren waren die Juristen Hans Kelsen und Carl Schmitt, in denen sich zwei sehr verschiedene Auffassungen der Souveränitätsproblematik gegenübertraten, die auf unterschiedlichen Anschauungen des Verhältnisses von Staatsordnung und Rechtsordnung beruhten.[39]

Während Kelsen glaubt, schlechterdings alle Gewalt rechtlich fassen und verankern zu können, und er noch den Extremfall des Ausnahmezustands nicht als Ausnahme von der Rechtsordnung, sondern als Rechtsnorm verstanden wissen will, beruft sich Carl Schmitt auf die Souveränität als eine rechtsetzende Macht, die keiner Rechtsordnung je vollständig assimiliert werden kann. Mit Hobbes' berühmtem Diktum *auctoritas non veritas facit legem* argumentiert Schmitt, dass die Autorität »um Recht zu schaffen, nicht Recht zu haben braucht« (Schmitt, HS 26).

Dieser außerordentliche Rang der Souveränität als einer niemals gänzlich zu verrechtlichenden *auctoritas* auf der ›Schwelle‹ jeder Rechtsordnung tritt für Schmitt mit der Entscheidung über den Ausnahmezustand zutage. Der berühmte erste Satz seiner Souveränitätslehre definiert in äußerster Verknappung: »Souverän ist, wer über den Ausnahmezustand entscheidet.« Die Entscheidung, eine Rechtsordnung insgesamt zu suspendieren, ist nach Schmitt auf keine rechtliche Norm reduzibel und aus keiner rechtlichen Norm ableitbar, sondern stellt einen Sprung dar in Gestalt der ›Dezision‹. Weil Entscheiden ein konstitutives Moment aller Rechtsprechung darstellt, bleibt die Rückbindung der souveränen Dezision an die Rechtsordnung trotzdem möglich: »Die Ausnahme ist das nicht Subsumierbare; sie entzieht sich der generellen Fassung, aber gleichzeitig offenbart sie ein spezifisch-juristisches Formelement, die Dezision, in absoluter Reinheit.« (Schmitt, HS 25)

Obwohl Entscheidungen also ein genuin juristisches Formelement darstellen, ist die Entscheidung über den Ausnahmezustand zugleich doch auch jenseits des Rechts anzusiedeln. Mit der souveränen Entscheidung über den Ausnahmezustand glaubt Schmitt nämlich den (rechtlich) unbegründbaren (aber durchaus legalen, sofern der Ausnahmezustand verfassungsrechtlich verankert ist) Grund und somit die Geltungsquelle und den Ursprung von Recht überhaupt identifiziert zu haben. »In seiner absoluten Reinheit ist der Ausnahmefall dann eingetreten, wenn erst die Situation geschaffen werden muß, in der Rechtssätze gelten können.« (Schmitt, HS 25) Vor dem Hintergrund von Schmitts idealtypischem Verständnis des Ausnahmezustands als einer Gründungssituation kann Agamben die Naturzustände der älteren Souveränitätstheoretiker nun seinerseits als verkappte Ausnahmezustände identifizieren.

Nach Schmitt bestätigt die Ausnahme also nicht nur die Regel der Rechtsordnung im formalen Moment der Entscheidung, sondern die Ausnahme konstituiert allererst die Rechtsordnung. Was als letzte, extreme Maßnahme der staatlichen Ordnung erscheint, die Option, die gesamte Rechtsordnung im Ausnahmezustand aufzuheben, markiert für Schmitt den nicht ableitbaren Ursprung aller Rechtsgeltung. In diesem Sinne bestätigt die Ausnahme nicht bloß die Regel, sondern geht ihr voran und konstituiert allererst die Regel *als* Regel, das Recht als gültig. Im Unterschied zu Kelsen erschöpft sich für Schmitt die Macht der Rechtsordnung folglich nicht in positiven Gesetzen, sondern diese erhalten ihre Geltungsfähigkeit oder, in juristischer Terminologie, ihre ›Gesetzeskraft‹, erst aufgrund der souveränen Entscheidung, die den Normalfall von der Ausnahme scheidet. In der Entscheidung über die Verhängung des Ausnahmezustands enthüllt sich für Schmitt damit die basale Struktur des Rechts, denn in der nicht normierbaren, weil normsetzenden, souveränen Entscheidung über den Ausnahmezustand wird das Recht nicht einfach suspendiert, sondern das Recht wird im Ausnahmezustand begründet – *als* nicht begründbar, sondern nur qua Entscheidung geltungsfähig. Souveränität im Sinne Schmitts ist also nicht bloß als Gewaltmonopol zu verstehen, sondern vorrangig als Entscheidungsmonopol.

Dass es kein Hitler sein muss, der Notstandsgesetze verkündet, sondern sich auch Demokratien ihres Entscheidungsmonopols zu Zeiten in Form von Ausnahmevorkehrungen zu versichern wissen, haben die USA mit dem nach dem 11. September verabschiedeten *patriot act* gezeigt. (Derzeit schickt sich Russland an, Ähnliches im Dienste des Kampfes gegen den Terrorismus zu tun.) Damit ist keinesfalls behauptet, dass sich Demokratien nicht von totalitären Staaten unterschieden, aber immerhin in Erinnerung gerufen, dass die Legalisierung des Ausnahmezustands historisch betrachtet ein Erbe der Demokratien ist, denn im Absolutismus bedarf es einer solchen Regelung selbstverständlich nicht. In seinem Buch über den *Ausnahmezustand* (= *Homo sacer* II.1) hat Agamben diese Argumentationslinie weiter verfolgt und mit einer Fülle von Belegen[40] nachzuweisen versucht, dass der Ausnahmezustand seit dem Ersten Weltkrieg zunehmend zu einer regulären Regierungstechnik der westlichen Demokratien geworden sei. Mit dieser These verabschiedet sich Agamben von Schmitts Romantizismus der Ausnahme, die für Letzteren vornehmlich der Einbruch des »wirklichen Lebens« darstellt, das »die Kruste einer in Wiederholung erstarrten Mechanik« durchbricht.[41] Agamben behauptet dagegen, dass der Ausnahmezustand selbst zur Regel und Norm geworden sei, zum »Paradigma des Regierens« (AZ 7).

Schmitts Deutung des Ausnahmezustands als Ursprung der Geltung von Rechtsnormen macht die latenten Paradoxien der Souveränität für Agamben konzeptionell greifbar. Nach Schmitt steht der zur Entscheidung ermächtigte Souverän nämlich tatsächlich »außerhalb der normal geltenden Rechtsordnung und gehört doch zu ihr, denn er ist zuständig für die Entscheidung, ob die Verfassung in toto suspendiert werden kann« (Schmitt, HS 25). Was sich bei Hobbes, Bodin oder Rousseau als merkwürdiges Schwanken zwischen vorrechtlichem Naturzustand und Rechtszustand, zwischen faktischer und rechtlicher Situation zeigt, wird von Schmitt als Wesen der Souveränität erkannt, das sich im Ausnahmezustand gleichsam offen bekennt, denn »die Ausnahme ist interessanter als der Normalfall. Das Normale beweist nichts, die Ausnahme beweist alles; sie bestätigt nicht nur die Regel, die Regel lebt überhaupt nur von der Ausnahme.« (Schmitt, HS 26)

Von der Identifikation des Ausnahmezustands im engeren schmittschen Sinne mit der Voraussetzung einer irgendwie rechtsfreien Zone im weiteren Sinne hängt Agambens weit ausgreifende Logik der Ausnahme ab. Um seine Logik der Ausnahme vorzubereiten – die an Schmitt anschließt, ihn jedoch zugleich modifiziert und den engeren rechts- und staatstheoretischen Diskurs sprengt –, bietet es sich an dieser Stelle an, Agambens Exegese eines Autors zu referieren, der kaum die politischen Verdachtsmomente erregen dürfte, die Schmitts politische Aktivitäten im Dritten Reich unweigerlich auslösen. Es handelt sich um einen antiken Text von Pindar, den freilich auch Carl Schmitt in einer seiner späteren Schriften anführt.

Das unter Philologen höchst umstrittene Pindar-Fragment lautet in seiner geläufigsten Übersetzung: »Nomos, der König aller / Sterblichen wie Unsterblichen, / lenkt, Recht setzend, das Gewaltsamste / mit höchster Hand. Ich beweise es / durch Herakles' Taten.« (HS 41) Die Souveränität des als König bezeichneten Gesetzes (*nomos*) besteht darin, dass das Gesetz die seit der Antike einander ausschließenden Formen sanktionierter und nicht sanktionierter Gewalt miteinander verschränkt: Gerechtigkeit (*dike*) und Gewalt (*bia*) fallen im Gesetz (*nomos*) zusammen. *Nomos* ist die souveräne Macht, die »mit höchster Hand« die paradoxe Vereinigung der gegenläufigen Kräfte bewerkstelligt. Für Agamben ist Pindar der erste und grundlegende Theoretiker der Souveränität, weil er ein Paradox exponiert, das in dieser Offenheit erst wieder in Carl Schmitts Positionierung des Souveräns als innerhalb und außerhalb der Rechtsordnung zugleich fassbar wird, das aber Agambens Interpretation zufolge alle Souveränitätstheorien umtreibt. Das Gesetz ist souverän, sofern es den Umschlag von Gewalt – z.B. den Krieg aller gegen alle – in Gerechtigkeit im Sinne legitimer und gesetzesgebundener Herrschaft *seinerseits gewaltsam* erzwingt. »Der Souverän ist der Punkt der Ununterschiedenheit zwischen Gewalt und Recht, die Schwelle, auf der Gewalt in Recht und Recht in Gewalt übergeht.« (HS 42) Auch Platons Abwandlung des Pindar-Zitats (Gorgias 484 b, 1-10) markiert das Gesetz als die Schaltstelle, die sich selbst jener Unterscheidung entzieht, welche zu machen und zu setzen die Macht des Gesetzes ausmacht. »Das Gesetz, König aller, / der Sterblichen und Unsterblichen, / führt mit übermächtigster Hand, / Gewalt antuend dem Gerechtesten / das Gerechteste erzwingend.« (HS 44) In nichts anderem besteht, behauptet Agamben, »die ›Souveränität‹ des *nómos*, von dem Pindar spricht« (HS 44). Die Bindung der Souveränität an das Gesetz als höchste Instanz und die damit verbundene Privilegierung der rechtlichen Sphäre gilt üblicherweise als Errungenschaft der modernen Rechtsstaaten. Indem Agamben die immanent problematische Dimension der rechtsstaatlichen Lösung der Souveränitätsproblematik schon in einem antiken Text nachweist, profiliert er die gleichsam vorweltliche Dauer des Problems auch und gerade dort, wo Souveränität an das Gesetz gebunden wird. Die durchs Gesetz verbürgte Unterscheidung von Gewalt und Gerechtigkeit wird in dem Pindar-Fragment und seinen antiken Varianten einer Ununterscheidbarkeit überführt, für die Agamben das Wort ›Schwelle‹ bevorzugt. Als erster und bedeutendster Theoretiker der Souveränität gilt Agamben Pindar, weil dieser unverhüllt ausspricht, dass sanktionierte und nicht sanktionierte Gewalt in ihrer Vereinigung durch das Gesetz ununterscheidbar werden. »In diesem Sinn enthält Pindars Fragment über *nómos basileús* [das Gesetz, den König aller] das verborgene Paradigma, das alle folgenden Definitionen der Souveränität lenkt.« (HS 42) Diese Ununterscheidbarkeit möchte Agamben im Ausnahmezustand wiedererkennen, den er als Schwelle begreift, die die Souveränität zieht, um die Sphären auseinander zu halten, die auf dieser Grenze selbst jedoch ununterscheidbar werden. Der Ausnahmezustand soll als eine Zone der Ununterscheidbarkeit aufgewiesen werden, in der faktische und rechtliche Situation ineinander übergehen.

Bei diesem Versuch sind aber einige Hindernisse zu überwinden, die ausgerechnet der Theoretiker des Ausnahmezustands Carl Schmitt einer solchen Deutung in den Weg stellt. Das Pindar-Zitat erscheint bei ihm in einer späteren Studie, die mit dem frühen Text über die Rolle der Ausnahme für die Souveränität zunächst nur insofern verbunden scheint, als ihr Verfasser mit ungebrochener Vehemenz ein ausschließlich technisch-prozedurales Verständnis des Rechts ablehnt. In seiner berühmten Schrift über den *Nomos der Erde* (1950) wendet sich Schmitt den historischen Fundamenten des europäischen Völkerrechts zu. Die Entstehung des neuzeitlichen Rechts, die ›Schwelle der Ordnung‹, besteht nach Schmitt nicht im Sieg noch in der Todesfurcht, sondern in der »Landnahme«, der territorialen »Ortung« eines Gebietes, für das dann eine »Ordnung« gelten kann. Schmitt zitiert das Pindar-Fragment im Kapitel »Über die Bedeutung des Wortes ›nomos‹«, das vor allem dem Versuch dient, *nomos* und Gesetz zu unterscheiden, in einer Übersetzung Friedrich Hölderlins: »›Das Gesetz, / Von allen der König, Sterblichen und / Unsterblichen; das führt eben / Darum gewaltig / Das gerechteste Recht mit allerhöchster Hand.‹« (Hölderlin, HS 43)

Weil Hölderlin das griechische ›nomos‹ mit ›Gesetz‹ wiedergibt, bezichtigt ihn Schmitt einer Fehlübersetzung, denn er möchte den Begriff des *nomos* für jene Dimension des Rechts reserviert wissen, die sich in den positiven, durch Übereinkunft entstandenen Gesetzen nicht erschöpft. Schmitt unterscheidet rechtstheoretisch zwischen *nomos* als Ereignis des Rechts (Legitimität) und positiven Gesetzen (Legalität).[42] Aber er ist im Unterschied zu Agamben nicht gewillt, einer vor- bzw. außerrechtlichen ›Gewalt‹ einen Platz im Recht einzuräumen. »Der Nomos im ursprünglichen Sinne aber ist grade die volle Unmittelbarkeit einer nicht durch Gesetze vermittelten Rechtskraft; er ist ein konstituierendes geschichtliches Ereignis, ein Akt der *Legitimität*, der die Legalität des bloßen Gesetzes überhaupt erst sinnvoll macht.« (Schmitt, HS 43) Diese Unterscheidung teilt Agamben nicht.

Seine Pindar-Deutung markiert die Grenzen seiner Anleihen bei Schmitt. Sie enden mit Schmitts Weigerung, die Vermischung von Gewalt und Gerechtigkeit im Inneren des Rechts anzuerkennen, die für Agamben den Kern des Pindar-Fragmentes ausmacht. Im Rückblick auf die klassischen Souveränitätstheoretiker von Hobbes bis Schmitt formuliert Agamben:

> »Naturzustand und Ausnahmezustand sind lediglich zwei Seiten des einen topologischen Prozesses, wo das, was als Außen vorausgesetzt worden ist (der Naturzustand), nun im Innern (als Ausnahmezustand) wiedererscheint, wie bei einem Möbius-Band oder einer Leidener Flasche [...] Der Ausnahmezustand ist demnach nicht so sehr eine raumzeitliche Aufhebung als vielmehr eine komplexe topologische Figur, in der nicht nur Ausnahme und Regel, sondern auch Naturzustand und Recht, das Draußen und das Drinnen ineinander übergehen.« (HS 48)

Diese Auffassung hätte Schmitt ebenso wenig geteilt, wie ihn die Vorstellung befremdet hätte, der Ausnahmezustand könnte selbst zu einer Regel werden.

2. Die Logik der Ausnahme

a) Die Ausnahme als ›Beziehungsform‹

Agambens Versuche, im Ausnahmezustand Schmitts, im vorgesellschaftlichen Naturzustand älterer Souveränitätstheoretiker und in der rechtsfreien Zone, die der schmittsche *nomos* ausgrenzt, ein und dieselbe Struktur wiederzuerkennen, verdanken sich seinem Bedürfnis, den extremen, aber konstitutiven Sonderfall des Ausnahmezustands, weit über Schmitt hinaus, in eine Logik der Ausnahme zu überführen, aus der sich seine Definition der ›originären juridisch-politischen Struktur‹ ergibt, die Schmitts eigenes Politikverständnis überbietend ablösen soll. Für Schmitt beginnt alle Politik mit der Unterscheidung zwischen dem, was sich diesseits und jenseits einer Grenze befindet, zwischen Freund und Feind. Agamben ersetzt diese Definition des Politischen durch die Unterscheidung zwischen Leben und Recht. Dabei ist für Agambens Gesamtkonzeption von großer Wichtigkeit, dass diese Unterscheidung zwischen bloßem Leben und Recht in letzter Instanz genauso scheitert, wie die Unterscheidung von Gewalt und Gerechtigkeit auf der ›Schwelle der Ordnung‹ kollabiert und eine ›Zone der Ununterscheidbarkeit‹ ausbildet.

Agambens Überlegungen zur Logik der Ausnahme setzen zwei Akzente. Zum einen möchte er auf einer sehr allgemeinen Ebene die Ausnahme als eine *Beziehungsform* verstanden wissen. Zum anderen offenbart sich für ihn an der Ausnahme ein Wesenszug des Rechts. Im Ausnahmezustand offenbart sich aber als

Wesen der Souveränität nicht (wie für Schmitt) die Dezision, sondern umgekehrt: jene Ununterscheidbarkeit, auf der Agambens Pindar-Deutung insistiert. Während Carl Schmitt in der Ausnahme das Wesen der Souveränität zu erblicken glaubte, möchte Agamben das Wesen der Ausnahme aus der Souveränität ableiten: »Wenn die Ausnahme die Struktur der Souveränität ist, dann ist die Souveränität weder ein ausschließlich politischer noch ein ausschließlich juridischer Begriff«, sondern »die originäre Struktur, in der sich das Gesetz auf das Leben bezieht« (HS 39).

Jede Art von Ausnahme begreift Agamben im Wortsinne der lateinischen *exceptio* (von *excipere* = herausnehmen). Aber er möchte verschiedene Formen des Ausschlusses voneinander unterscheiden, denn in der Ausnahme ist, »was ausgeschlossen wird, [...] deswegen nicht völlig ohne Beziehung zur Norm [...]; sie bleibt im Gegenteil mit ihr in der Form der Aufhebung verbunden« (HS 27). Die Ausnahme stellt sich als »einschließende Ausschließung« (HS 31) dar, denn qua Ausnahme unterhält der oder das Ausschließende auch weiterhin eine Beziehung zum Ausgeschlossenen und ist insofern eingeschlossen vermöge und durch sein Ausgeschlossensein. Diese negative Minimalbeziehung nennt Agamben auch »Ausnahme-Beziehung« (HS 28).[43]

Zu ihrer Erläuterung zieht er eine Reihe von Analogien und Beispielen heran, von der negativen Theologie über die Mengenlehre bis zur Sprache. So behauptet er z.B., Sprache und außersprachliche Wirklichkeiten verhielten sich genauso zueinander wie der Bereich des Rechts zu dem, was es ausgrenzt (vgl. HS 30). Diese Analogie mündet an einer Stelle in eine enigmatische Allegorese, die Recht und Sprache unmittelbar identifiziert: »Die Sprache ist der Souverän, der in einem permanenten Ausnahmezustand erklärt, daß es kein Außerhalb der Sprache gibt, daß Sprache stets jenseits ihrer selbst ist.« (HS 31)

Die scheinbar der Veranschaulichung der Ausnahmebeziehung dienenden Analogien, Parallelen und Beispiele verdichten sich bis zu dem Punkt, an dem Agamben behauptet, zwischen Recht und Sprache walte eine »Wesensnähe« (HS 30), denn »die eigentümliche Struktur des Rechts hat ihr Fundament in dieser voraussetzenden Struktur der menschlichen Sprache« (HS 31). Wo die Bedingung der Möglichkeit von Recht überhaupt in der Sprache begründet wird, mutiert die Analyse der Ausnahmebeziehung zum quasi-transzendentalen Argument, das keine ›Politik‹ je einholen könnte. Dem entspricht, dass Agamben an anderer Stelle behauptet, alles Sprechen sei Rechtsprechung, *ius dicere*. Mit solchen Formulierungen schlägt der Versuch, eine verallgemeinernde Logik der Ausnahme zu entwerfen, tendenziell in die Apodiktik bloßer Setzung um. Um politische Konsequenzen im geläufigen Sinne ist es unter solchen Voraussetzungen jedenfalls erst einmal schlecht bestellt.

Die hier mögliche Kritik hätte jedoch mindestens zwei Gegenargumente zu berücksichtigen. Zum einen kennt Agamben neben der Zuspitzung in Sätzen wie den oben zitierten auch ein anderes Darstellungsverfahren und eine umgänglichere Argumentationstechnik. Für die Logik der Ausnahme hat er dies in seinem Buch über den *Ausnahmezustand* (= *Homo sacer* II.1) unter Beweis gestellt. Was in der ersten Studie zum *homo sacer* lediglich behauptet wurde: dass nämlich der Ausnahmezustand im 20. Jahrhundert zu einer regulären Regierungstechnik geworden sei (vgl. HS 30), belegt Agamben in *Ausnahmezustand* anhand einer Fülle von Materialien, die sehr viel mehr mit der Rekonstruktion einer historischen Entwicklung zu tun haben als mit einem quasi-transzendentalen Argument. Aber auch dort steht man letztlich unweigerlich vor der Frage: Ist jede Ausnahmebeziehung strukturell aporetisch oder ist sie es erst geworden? Hier ist offenbar einer jener Punkte berührt, an denen philosophische und historische Argumentation unvermittelbar aufeinander treffen.

Andererseits – und auch diesen Aspekt müsste eine Kritik erwägen – hat die Diskrepanz zwischen historischem Fallbeispiel und abstrahierender Systematik auch an dieser Stelle ihren guten methodischen Sinn. Auf dem Spiel steht mit der Ausnahmebeziehung nämlich auch der Status des Beispiels zwischen Besonderem und Allgemeinem. Bei Linguisten, antiken Grammatikern, modernen Spieltheoretikern und bei Alain Badiou, auf den Agamben sich insbesondere bezieht, kann man nachlesen, dass es sich beim Verhältnis zwischen einem Beispiel und der Struktur oder Regel, auf die sich das Beispiel bezieht, auch um einen besonderen Typus von Ausnahmebeziehung handelt. Das Exempel gehört zu der Klasse, die es vertritt, aber als Exempel ist es von dieser Klasse zugleich auch ausgenommen, sofern es seine Zugehörigkeit eigens anzeigt: »Das Beispiel ist aus dem Normalfall nicht deshalb ausgeschlossen, weil es nicht dazugehörte, sondern weil es seine Zugehörigkeit zur Schau stellt [...] eine Klasse kann alles beinhalten, nur nicht das eigene Paradigma.« (HS 32) Während es sich bei der souveränen Ausnahme um eine einschließende Ausschließung handelt, funktioniert das Beispiel als ausschließende Einschließung: »Und so wie die Zugehörigkeit zu einer Klasse nur durch ein Beispiel erwiesen werden kann, das heißt außerhalb der Klasse, so kann die Nichtzugehörigkeit nur in ihrem Innern erwiesen werden, das heißt mit einer Ausnahme.« (HS 32) Agambens Exkurs über das Beispiel als Ausnahmebeziehung leistet einerseits eine immanente methodologische Rechtfertigung seines zwischen Beispiel und Struktur bewusst nicht unterscheidenden Verfahrens, andererseits bereichert er seine Behauptung, dass »unser gegenwärtiges Denken [...] sich in allen Bereichen mit der Struktur der Ausnahme« (HS 35) konfrontiert sieht, um ein weiteres ›Beispiel‹.

Genauere Bestimmung erfahren die rechtstheoretischen Aspekte dieser Logik der Ausnahme in Agambens Ausführungen zum souveränen Bann.

b) Der ›souveräne Bann‹ und ›Geltung ohne Bedeutung‹

Das Verhältnis von Norm und Ausnahmezustand in der rechtlichen Ausnahmebeziehung darf eine latente Beziehung genannt werden, weil im Ausnahmezustand gerade die Aufhebung, Wegwendung oder Abwendung des Gesetzes diesem seine Macht verleiht. Im Ausnahmezustand tritt das Gesetz nicht dadurch hervor, dass es eine Überschreitung ahndet, sondern das Gesetz macht sich bemerkbar, indem es sich insgesamt entzieht. Weil es nichts im Einzelnen vorschreibt, ist es in seiner formalen Leere omnipräsent.[44] In der souveränen Ausnahme gilt die Norm in der spezifischen Form reiner Potenz, als Aufhebung jedes aktuellen Bezuges, der eine Vorschrift oder ein Verbot charakterisiert. Um dieser Potentialität als Wurzel der Geltung von Recht überhaupt Ausdruck zu verleihen, ersetzt Agamben Schmitts »souveräne Entscheidung« durch den Ausdruck »souveräner Bann« und stellt damit zunächst von einer personalisierten Instanz auf eine Funktion oder Struktur um.[45]

Im Ausdruck ›Bann‹ hört man förmlich das Moment der Stillstellung und Deaktivierung (wie z.B. in der Formulierung ›gebannt zuschauen‹), auf das Agambens Theorie von der Geltung des Rechts als Potenz abzielt.[46]

Der Abtritt des Gesetzes, welcher im Ausnahmezustand eintritt, bezeichnet für Agamben exemplarisch die wesentliche Dimension eines jeden Gesetzes: nicht nur, dass es sich in der Zurücknahme erhält, sondern dass es in seiner Selbstzurücknahme, die nichts bestimmt, umso bestimmender erscheint. Nicht die Grenzziehung, sondern deren Tilgung, nicht die ›Landnahme‹ (Schmitt), sondern die ›Ausnahme‹, nicht die ›Ortung‹, sondern die ›Entortung‹, nicht die ›Entscheidung‹, sondern die ›Entlassung‹ ist der souveräne Akt. Paradox formuliert äußert sich im Ausnahmezustand eine höchst wirksame Ineffektivität des Gesetzes, eine passive Aktivität, das Phänomen einer Wirkung ohne Wirkkraft: »Der Ausnahmezustand definiert einen Zustand des Gesetzes, in dem die Norm zwar gilt, aber nicht angewendet wird (weil sie keine ›Kraft‹ hat), und auf der anderen Seite Handlungen, die nicht den Stellenwert von Gesetzen haben, deren ›Kraft‹ aber gewinnen.« (AZ 49) Solch wirksame Impotenz (und potentielle Wirksamkeit) des Gesetzes möchte Agamben als sowohl heute herrschenden wie auch insgeheim immer schon herrschenden Zustand ausmachen. »Der Bann ist wesentlich die Macht, etwas sich selbst zu überlassen, das heißt die Macht, die Beziehung mit einem vorausgesetzten Beziehungslosen aufrechtzuerhalten. Dasjenige, was unter Bann gestellt wird, ist der eigenen Abgesondertheit überlassen und zugleich dem ausgeliefert, der es verbannt und verlässt, zugleich ausgeschlossen und eingeschlossen, entlassen und gleichzeitig festgesetzt.« (HS 119)

Seine Formel für diesen nicht mehr exzeptionellen (und latenten), sondern heute allgemeinen (und manifesten) Zustand unserer Beziehung zu jeder Form von Gesetz lautet: »Geltung ohne Bedeutung« (HS 62). Der formelhafte Ausdruck geht auf eine Wendung Walter Benjamins zurück. Im Briefwechsel mit Gershom Scholem über die Erscheinungsweise des Gesetzes bei Kafka hatte Benjamin behauptet, dass die Herrschaft eines geltenden, aber nicht mehr bedeutenden und insofern leeren Gesetzes kein Gesetz mehr sei, sondern Leben, wie es in Kafkas Roman »im Dorf am Schloßberg geführt wird« (Benjamin, HS 64). Leben und Leben unter einem Gesetz, das, wie im Ausnahmezustand, gilt, ohne zu bedeuten, sind nicht mehr zu unterscheiden. Diese Stelle aus dem Briefwechsel ist der Ausgangspunkt für Agambens eigenwillige Auslegung von Kafkas berühmtem Text »Vor dem Gesetz« aus dem Roman *Der Proceß*. Im Kontext des ersten Homo-Sacer-Buchs kommt dieser Deutung eine Schlüsselfunktion zu. Denn mit ihrer Hilfe wird nicht nur die Struktur des souveränen Banns beschreibbar, sondern ineins damit zeichnet sich auch ein Weg ab, wie ihm zu entkommen und der Bann zu brechen sei. Das richtige Verständnis von Agambens Kafka-Deutung setzt Kenntnisse seiner langjährigen Bemühungen um das Verhältnis von Wirklichkeit und Möglichkeit bei Aristoteles voraus (vgl. Kapitel III). Sein ontologisches Verständnis der Möglichkeit als einer autonomen Macht kommt unmittelbar in der Struktur des souveränen Banns und der Geltung ohne Bedeutung zum Ausdruck: »Denn der Struktur der Potenz, die genau über ihr Nicht-Sein-Können mit dem Akt in Verbindung bleibt, entspricht jene des souveränen Banns, der sich auf die Ausnahme anwendet, indem er sich abwendet.« (HS 57) Entscheidend ist, dass die Vorstellung eines Vermögens der eigenen Ohnmacht oder Impotenz einen jener Punkte markiert, an denen sich für Agamben die Möglichkeit abzeichnet, der so nachdrücklich und gleichsam ausweglosen Struktur des souveränen Banns doch noch zu entkommen: »Nur eine völlig neue Konjugation von Möglichkeit und Wirklichkeit [...] wird den Knoten zu zerschneiden vermögen« (HS 55), den das Paradox der Souveränität bildet. Für Agamben hängt die Möglichkeit einer neuen politischen Theorie entscheidend von einem neuen Verständnis der Potenz ab, in dem diese nicht auf ihre (negative) Beziehung zum Akt reduziert wird. Dass nicht nur das Gesetz als souveräner Bann mit der Ohnmacht operiert, sondern auch der Weg aus dem souveränen Bann nur über die Besinnung auf die Ohnmacht führt, dafür stehen in Agambens Werk zwei literarische Figuren: Melvilles berühmte Figur des

Schreibers Bartleby aus der gleichnamigen Erzählung und Kafkas »Mann vom Lande« in der Legende »Vor dem Gesetz«.[47]

c) ›Virtueller‹ und ›wirklicher‹ Ausnahmezustand

Immer wieder ist der vielinterpretierte Kafkatext als Scheitern des Mannes vom Lande ausgelegt worden, dem der verlangte »Eintritt in das Gesetz« so lange aufgeschoben wird[48], bis er über dem Warten alt und wirr geworden ist. Kurz vor seinem Tode stellt er endlich die Frage, warum denn in den vielen Jahren »niemand außer mir Einlaß verlangt hat« und erhält vom Türhüter zur Antwort: »Hier konnte niemand sonst Einlaß erhalten, denn dieser Eingang war nur für dich bestimmt. Ich gehe jetzt und schließe ihn.«[49] Den Hinweis einer (christologischen) Deutung des Mannes vom Lande als eines verhinderten Erlösers aufnehmend, interpretiert Agamben das Verhalten des Mannes als eine komplizierte, aber letztlich erfolgreiche Strategie, die Schließung des Gesetzes zu erreichen, »um die Geltung zu unterbrechen« (HS 66). Der Mann vom Lande erscheint in Agambens Deutung als *agent provocateur*, der die latente Potenz des Gesetzes zuletzt zwingt, sich in einem Akt zu äußern, der die Schließung des Gesetzes und damit das Ende seiner leeren Geltung bedeutet. Der virtuelle Ausnahmezustand, der in der leeren Gültigkeit des nicht mehr bedeutenden, aber in seiner Potenz umso wirksameren Gesetzes herrscht, wird in dieser Perspektive abgelöst von einem wirklichen Ausnahmezustand, der das Gesetz nicht nur aufhebt, sondern es unterbrechend aufzehrt.

Agambens Unterscheidung zwischen dem faktisch herrschenden virtuellen Ausnahmezustand und dem stets möglichen, aber bisher noch nicht verwirklichten ›wirklichen‹ Ausnahmezustand geht ebenfalls auf Walter Benjamin zurück. In der achten seiner im französischen Exil 1941 abgefassten Thesen *Über den Begriff der Geschichte* heißt es: »Die Tradition der Unterdrückten belehrt uns darüber, daß der ›Ausnahmezustand‹, in dem wir leben, die Regel ist. Wir müssen zu einem Begriff von Geschichte kommen, der dem entspricht. Dann wird uns als unsere Aufgabe die Herbeiführung des wirklichen Ausnahmezustandes vor Augen stehen.« (Benjamin, HS 65) Benjamin mag hier noch an den (proletarischen) Generalstreik und die Revolution gedacht haben. Aber Agamben siedelt den wirklichen Ausnahmezustand in einer Sphäre jenseits politischer Revolten an. Denn es gehe im wirklichen Ausnahmezustand nicht mehr nur darum, ein Gesetz durch ein anderes zu ersetzen, sondern die Logik des Gesetzes und der Souveränität insgesamt abzusetzen. Die jüdische Tradition erwartet sich solch erlösende Destruktion von der Ankunft des Messias. In dieser und, so fügt Agamben etwas rasch hinzu, »eigentlich in jeder genuinen messianischen Tradition« (HS 68) bedeute die Ankunft des Messias den Eintritt des wirklichen Ausnahmezustands. Folgerichtig deutet Agamben alle Messianismen umstandslos als Theorien des Ausnahmezustands. Hier verschwimmt der religiöse Gesetzesbegriff mit dem juridisch-politischen. Solcher Universalisierung des Gesetzesbegriffs korrespondiert Agambens Kerygma: »Was unsere Zeit dem Denken aufgibt, kann nicht allein in der Erkenntnis der äußersten und unüberwindbaren Form des Gesetzes als Geltung ohne Bedeutung bestehen. [N]ur, wenn es gelingt, das Sein der Verlassenheit jenseits jeder Idee von Gesetz [...] zu denken, werden wir aus dem Paradox der Souveränität hinaustreten in Richtung einer von jeglichem Bann losgelösten Politik.« (HS 70)[50] Der wirkliche Ausnahmezustand erweist sich somit als noch längst nicht verwirklicht, aber, dafür steht Kafkas Legende ein: als immerhin möglich, während der virtuelle Ausnahmezustand derzeit faktisch herrscht, sofern er jederzeit ausgerufen werden kann, also eine Möglichkeit von permanenter Aktualität darstellt.

d) Messianische Zeit (Paulus)

Benjamin, von dem Agamben die Unterscheidung zwischen virtuellem und wirklichem Ausnahmezustand bezieht, schöpfte in seinen Thesen *Über den Begriff der Geschichte* aber selbst aus viel älteren Quellen. Das jedenfalls ist die philologische Pointe, die Agamben am Ende seines unter dem Titel »Die Zeit, die bleibt« vorgelegten Kommentars zum Römerbrief von Paulus enthüllt.[51] In einem Satz Benjamins über die »schwache messianische Kraft«[52], die jedem Geschlecht beigegeben sei, weiß Agamben (freilich auf den Spuren eines anderen Paulus-Kenners[53]) zunächst ein verstecktes Zitat aus dem Römerbrief zu entdecken.[54] Die sich dieser Beobachtung anschließende Engführung von Benjamins Thesen mit den Paulus-Briefen gewinnt zunehmend an Evidenz und Radikalität, um schließlich in dem Bekenntnis zu gipfeln, dass diese beiden die »höchsten messianischen Texte unserer Tradition« darstellen (Z 162).

Der Provokation ungeachtet, die im Handstreich einer solchen Konstellierung zweitausend Jahre voneinander entfernter Texte steckt, darf man sich von Agambens Paulus-Studien auch eine Klärung des vorläufig noch sehr undurchsichtigen Verhältnisses zwischen juridischem und religiösem Ausnahmebegriff und somit zwischen religiöser und juridischer Gesetzesvorstellung erwarten. Schließlich war es Paulus, der den Begriff des Gesetzes einer Spaltung unterwarf, indem er das alte jüdische Gesetz nach dem Buchstaben dem neuen Gesetz nach dem Geiste gegenüberstellte. Und tatsächlich versucht Agamben im Zuge seiner Deutung mindestens implizit auch, das Verhältnis von religiösem und juridischem Gesetzesbegriff neu zu fassen.

Nach dem Vorangegangenen dürfte jedoch bereits hinreichend deutlich sein, dass die intime Nähe, die Agamben zwischen Benjamin und Paulus im Zeichen des Messianischen stiften möchte, weder der Sakralisierung eines modernen Textes dient, noch den Versuch darstellt, einen Ur-Text des Christentums zu säkularisieren bzw. zu ›profanieren‹ (zu Agambens Auffassung von Profanierung vgl. Kapitel IV 2a und V). Das Messianische bezeichnet bei Agamben die spezifische Zeitstruktur einer gleichzeitigen Unterbrechung und Vollendung, ohne deren Verständnis sich die Bedeutung der Logik der Ausnahme für sein Denken nicht vollständig erschließt.

Auf das seit einigen Jahren neu erwachte Interesse am Messianischen und seine verschiedenen Deutungen kann hier nicht eingegangen werden[55], aber erwähnt werden muss, dass die prominente und lange Reihe nicht-theologischer Paulus-Exgeten, der u.a. Friedrich Nietzsche und Martin Heidegger angehören[56], jüngst um Autoren ergänzt wurde, die Paulus als Denker des Politischen für sich (wieder-)entdeckt haben.[57] Diese Rückkehr zu Paulus hat ebenfalls Tradition, denn der griechisch gebildete Paulus, Jude und römischer Staatsbürger, der vor seinem Bekehrungserlebnis auf dem Weg nach Damaskus Christen verfolgte und dann zum eigentlichen Begründer des Christentums wurde (sofern man darunter eine Religion versteht, die sich ausnahmslos an alle – Heiden, Juden, Juden-Christen – richtet), ist eine Art Prototyp des abendländischen Revolutionärs. An der Lektüre seiner Briefe entzündete sich Luthers Reformation, aber auch französische Revolutionäre wie Robespierre beriefen sich auf Paulus. In diesem größeren Überlieferungszusammenhang steht auch Agambens Paulus-Exegese, und er ist sich dessen sehr wohl bewusst. Zum intellektuellen Einsatz seines Buches gehört die These, dass Benjamins verstecktes Paulus-Zitat gleichsam nur die Spitze eines Eisberges sei und eigentlich »die ganze Moderne [...] eine intensive hermeneutische Auseinandersetzung mit dem Messianischen« (Z 113 f.) darstelle. Die von Paulus ausgehende Sprengkraft des Messianischen, deren verstreuten Spuren Agamben nicht nur bei Benjamin, sondern auch bei Leibniz, Hegel, Kierkegaard, Marx, Heidegger, Adorno und anderen nachspürt, sei aber in den Jahrtausenden ihrer Exegese immer wieder verschüttet, verdrängt, verkannt oder ignoriert worden. Als Beispiel dafür kann man anführen, dass das Wort *christos* im Präskript des Römerbriefes (»Paulus, ein Knecht Jesu Christi«) die griechische Übersetzung des hebräischen *maschiah* ist, was »der Gesalbte«, also der Messias bedeutet. Paulus kennt folglich nicht Jesus Christus, sondern Jesus Messias oder den Messias Jesus. Weil das Wort *christos* zweitausend Jahre lang unübersetzt blieb, sei der Ausdruck »Messias« und mit ihm die messianische Zeit aus dem paulinischen Text verschwunden (Z 27).[58] Folglich ist es Agambens unbescheidenes Anliegen im Gegenzug zur langen Tradition, »die Bedeutung der paulinischen Briefe als grundlegenden messianischen Text der westlichen Kultur wiederherzustellen« (Z 11). Und das heißt natürlich auch, das Judentum des Paulus wieder in den Blick zu rücken.

Der ungeheure Anspruch und das auf den ersten Blick schier unmögliche Unterfangen, zweitausend Jahre Deutungsgeschichte gleichsam auszublenden, machen die Beschränkung unerlässlich. Sie ist so extrem wie das Anliegen. Denn das auf Seminare an verschiedenen Universitäten zurückgehende Buch hat eigentlich nicht mehr zum Gegenstand als die ersten zehn griechischen Worte des ersten Verses des Römerbriefes, der in der Luther-Übersetzung lautet: »Paulus ein Knecht Jesu Christi / Berufen zum Apostel / ausgesondert zu predigen das Evangelium Gottes.« »Wir werden«, schreibt Agamben eingangs, »diesen kleinen Vers so behandeln, als würde er mit seinen zehn Worten die gesamte Botschaft des Textes rekapitulieren.« (Z 16)

Von den zahlreichen, außerordentlich komplexen und traditionsreichen Deutungsproblemen, die Agamben im Verlauf seiner Interpretation berührt, werden in gebotener Kürze nur diejenigen behandelt, die für das Homo-Sacer-Projekt besonders aufschlussreich sind: 1. die messianische Zeit (mit Blick auf ihren Beitrag zur Theorie des Ausnahmezustands), 2. das Problem des Gesetzes (mit Blick auf die Frage nach Religion und Recht). Ein drittes Thema, die Interpretation des messianischen »Rests« bei Paulus, wird aufgrund des ihm von Agamben zugeschriebenen politischen Potentials im Kapitel über »Wege aus der Souveränität« (IV 6b) separat vorgestellt.

Für Agamben steht und fällt bei Paulus alles mit der messianischen Zeit des *ho nyn kairos*. Deren Konturen erschließen sich zunächst am besten über den Weg der Abgrenzung zu dem, was die messianische Zeit nicht ist. So darf man sie nicht verwechseln mit der eschatologischen Zeit des Endes und der letzten Dinge, denn Eschatologie meint das Ende der Zeit überhaupt, die messianische Zeit bezieht sich dagegen auf eine Zeit zwischen der Zeit und ihrem Ende. Damit scheint der Chiliasmus aufgerufen, also die Vorstellung eines tausendjährigen Reiches, das sich zwischen die Rückkehr des Messias und das Ende der Welt schiebt. Aber weder mit dieser noch mit der Zeit des Aufschubs (*kat' echon*), die vor allem in der politischen Theologie (z.B. bei Carl Schmitt) politische Handlungsfreiheit angesichts eines bevorstehenden Endes sichern soll, ist die messianische Zeit identisch. Am nächsten kommt dem messianischen *ho nyn kairos* des Paulus, was Walter Benjamin die »Jetzt-Zeit« genannt hat, um damit den historischen Augenblick der Erkennbarkeit von Vergangenem zu bezeichnen. Das hieße aber, dass sich die messianische Zeit eigentlich nicht von der profanen, historischen unterscheidet, sondern nur einer ihrer privilegierten Augenblicke ist. Dagegen spricht wieder, dass sich die Zeit für Paulus nach dem messianischen Ereignis der Auferstehung von Grund auf gewandelt hat, obwohl sie andererseits der profanen nicht gänzlich äußerlich ist (vgl. Z 77).

Den Schwierigkeiten, die sich einem positiven Verständnis der messianischen Zeit entgegenstellen, sucht Agamben mit dem Rückgriff auf Zeitbegriffe ganz anderer Art und Herkunft zu begegnen. Zum einen zieht er die Linguistik heran, zum anderen die Lyrik.

Der Linguist Gustave Guillaume (1883-1960) hat sich mit dem Paradox beschäftigt, dass wir zwar eine Zeiterfahrung haben, aber nicht ummittelbar über deren Anschauung verfügen. Um uns die Zeit (etwa in Gestalt eines Pfeils oder Strahls) vorstellen zu können, sind wir auf räumliche Ersatzkonstruktionen angewiesen, die bei Guillaume »Bildzeit« heißen. In solchen Darstellungen fehlt aber diejenige Zeit, die der Verstand zur Konstruktion eines solchen Bildes benötigt. Diese Zeit nennt Guillaume im Unterschied zur Bildzeit »operative Zeit«. Agamben folgert daraus, dass wir mit jeder Bildzeit zusätzlich eine »weitergehende, die chronologische überschreitende Zeit« produzieren (Z 81), die mit jener niemals zusammenfallen kann. Die operative Zeit ist »sozusagen eine Zeit innerhalb der Zeit [...] die nur meine Verschiebung und meinen Abstand in bezug auf sie, meine Nichtkoinzidenz mit meiner Zeitdarstellung mißt.« (Ebd.) Die messianische Zeit kann daraufhin verstanden werden als die »operative Zeit, die in der chronologischen Zeit drängt, die diese im Innern bearbeitet und verwandelt, die Zeit, die wir benötigen, um die Zeit zu beenden – in diesem Sinne: die Zeit, die uns bleibt« (ebd.).

Das merkwürdige Verhältnis zwischen jener messianischen und dieser chronologischen Zeit kann man sich auch anhand des Sabbats in seinem Verhältnis zum Rest der Woche vergegenwärtigen. In Moses 2,2 heißt es: »Und Gott vollendete am siebenten Tage sein Werk und ruhete am siebenten.« Diesen scheinbaren Widerspruch, den die Übersetzungen stillschweigend beseitigt haben, wendet Agamben zum Argument: »Der Sabbat – die messianische Zeit – ist nicht ein weiterer, den anderen Tagen äquivalenter Tag. Er ist vielmehr der innere Bruch in der Zeit, durch den man – um Haaresbreite – die Zeit ergreifen und sie vollenden kann.« (Z 85)

Auf dieser Analogie zwischen dem Sabbat und der messianischen Zeit, in denen Unterbrechung und Vollendung gleichzeitig sind, beruht die eigenwillige Gliederung von Agambens Buch, das nicht in Kapitel unterteilt, sondern nach sechs Tagen angeordnet ist. Der siebente und letzte Abschnitt, in dem Agamben Benjamins Paulus-Zitate entziffert, ist mit »Schwelle oder *tornada*« (Z 153) überschrieben. Das bezieht sich auf den lyrischen Erklärungszusammenhang, den Agamben neben dem linguistischen zur Bestimmung der messianischen Zeit bei Paulus aufbietet. *Tornada* ist der Fachausdruck für die Schlussverse (Coda) der sehr strengen Gedichtform der Sestine. Die sechsstrophige Sestine, deren Erfindung dem mittelalterlichen Schriftsteller Arnaut Daniel (geb. um 1150, gest. um 1200) zugeschrieben wird, zeichnet sich dadurch aus, dass die Reimwörter der ersten Strophe durch sämtliche Strophen beibehalten werden, deren Abfolge in jeder Strophe aber nach einem festgesetzten Muster variiert wird. An die sechste Strophe schließt sich zuletzt die dreizeilige *tornada* an, die sämtliche Reimwörter noch einmal im Versinneren wiederholt und neu kombiniert. Die durch die Reimwörter gegebene Zeitrhythmik ist auf die Abfolge der sechs Strophen angewiesen, aber sie ist nicht identisch mit dem chronologischen Verlauf des Gedichts, denn das Reimschema bildet seine eigene Zeit aus, die die Zeit des Gedichts verwandelt, ohne die Chronologie zu verlassen. Die *tornada* schließlich wiederholt nicht nur, sondern sie summiert auch, verdichtet und vollendet. Sie ist sowohl die Unterbrechung des Reimschemas wie dessen abschließende Vollendung.

Diesem Verständnis der messianischen Zeit zufolge wäre also der ›wirkliche‹ Ausnahmezustand im Unterschied zum ›virtuellen‹ sowohl als die Vollendung wie auch als die Unterbrechung des Gesetzes zu begreifen; er gehört noch und gehört schon nicht mehr zum Gesetz, wie die messianische zur profanen Zeit gehört und nicht gehört. Bei Paulus scheint sich diese Gleichzeitigkeit und Doppeldeutigkeit in einer schier unauflösbaren Antinomie seines Gesetzesbegriffs niedergeschlagen zu haben. Denn einerseits verkündet Paulus, dass das alte Gesetz der Werke (*nomos*) mit dem Ereignis der Auferstehung ungültig geworden und durch das Gesetz des Glaubens (*nomos pistis*) abgelöst worden sei, andererseits schreibt er in Röm. 3, 31: »Das Gesetz machen wir also durch den Glauben unwirksam? Möge das nicht geschehen! Sondern halten wir an dem Gesetz fest.« An den Aporien, in die sich Paulus mit seiner Kritik am Gesetzesbegriff zu verstricken scheint, haben sich von Origines an, der den ersten systematischen Römerkommentar verfasst hat, alle weiteren Kommentatoren abgearbeitet.

Agamben löst das Geheimnis der scheinbaren Selbstwidersprüche im Römerbrief, indem er, was Antinomie seines Gesetzesbegriffs zu sein scheint, auf eine vorgängige Spaltung im alten Begriff des *nomos* zurückführt. Im *nomos* des Alten Testaments soll die von Paulus als Gegensatz zwischen Gesetz der Werke und Gesetz des Glaubens entfaltete und radikalisierte Spannung bereits latent angelegt sein. Sie bezeugt sich vor allem in der kontrapunktischen Beziehung zwischen den alttestamentarischen Figuren Abrahams und Moses'. Ersterer, der mit Gott einen Bund schloss, also ein quasi-juristisches Vertragsverhältnis einging, wurde dennoch nach dem Glauben und nicht nach dem Gesetz gerechtgesprochen. Moses verkündete dem Volk die mosaischen Gesetze, aber er durfte nicht in das gelobte Land der Verheißung. »Die Antinomie verläuft also nicht zwischen zwei getrennten und völlig heterogenen Prinzipien, sondern betrifft eine Opposition im Innern des *nomos* selbst, die Opposition zwischen einem normativen und einem promissorischen Element des Gesetzes.« (Z 108)

Diese Deutung hat Konsequenzen für die sich bei der Lektüre Agambens immer aufdrängende und auch die Rezipienten regelmäßig beunruhigende Frage nach dem Verhältnis von Recht und Religion.[59] Fast alle Begriffe Agambens scheinen zwischen diesen beiden Sphären zu oszillieren; immer wieder werden Parallelen zwischen Recht und Religion ins Licht gerückt. So führt Agamben beispielsweise im Paulus-Buch aus, dass die juridische Unterscheidung zwischen konstituierender und konstituierter Gewalt »ihr theologisches Fundament in der Paulinischen Spaltung zwischen Glaube und *nomos*, zwischen persönlicher Treue und positiver Verpflichtung, die aus ihr hervorgeht« (Z 133), habe. An anderer Stelle argumentiert er mit Carl Schmitt, dass alle juristischen Begriffe säkularisierte theologische seien. Aber auf dem Hintergrund seiner Deutung der paulinischen Gesetzesproblematik als Spaltung im Inneren des *nomos* erscheint eine strenge Unterscheidung zwischen Recht und Religion als Fortsetzung der Tradition, die das, was bei Paulus zusammengehört, entkoppelt und als einander widersprechend darstellt. Dass die Genese des Rechts ohne Religion nicht denkbar ist, wissen nicht nur Rechtshistoriker. Aber Agamben umgeht das Problem der Säkularisierung (vgl. IV 7e) und lokalisiert sowohl das Recht als auch die Religion in dem gleichsam vorhistorischen Dunkel eines vergessenen, quasi-magischen Sprachgebrauchs. Am Schluss seines Paulus-Buchs erläutert er, dass sowohl das Recht als auch die Religion von einer beide Sphären bindend-verbindlichen Macht des Wortes zehren, die im Vertrag ebenso Ausdruck finden kann wie in der Verheißung.[60] Vor diesem Hintergrund geht es Agamben bei seinen Begriffsanalysen weder um wechselseitige Erhellungen zwischen juridischer und religiöser Sphäre noch um ein hierarchisches Verhältnis. Recht und Religion stellen jeweils die Verselbständigung zweier ursprünglich zusammenhängender Momente dar. Der paulinische Messianismus ist demnach weder ein theologisches noch ein juridisches Phänomen, sondern betrifft »ein[en] Kampf innerhalb des Rechts« (Z 133).

Dass Paulus trotz der radikalen Opposition von Glaube und Gesetz an ihrem gesetzesimmanenten Zusammenhang festhält, verdeutlicht Agamben unter verschiedenen Gesichtspunkten (zum Rest vgl. Kapitel IV 6b). Besonders sinnfällig wird die Art des Zusammenhangs an dem Wort *katargein*, welches das Ungültig-Werden des (alten) Gesetzes ausdrückt. Das griechische Verb übersetzt Agamben mit »unterbrechen« oder »deaktivieren«. Luther gab es mit »Aufhebung« wieder, also mit dem Wort, dessen Deutungsmöglichkeiten die hegelsche Dialektik später entfalten sollte. Für Hegel hat die dialektische Aufhebung drei Momente: das Unwirksam-Machen im Sinne des Zerstörens und Vernichtens, das Bewahren im Sinne des Erhaltens und schließlich das Erheben auf eine höhere Ebene. Wenn *katargein* als »Aufhebung« wiedergegeben wird, bilden Annullieren (*katargein*) und Bewahren (*histanein*) nicht länger einen Gegensatz. Und die von Paulus ausgerufene »Gerechtigkeit ohne Gesetz« bedeutet dann auch nicht die Negation, sondern die Erhöhung, »die Realisierung und Erfüllung – das *pleroma* – des Gesetzes« (Z 121).[61]

An dieser Stelle lässt Agamben in einer charakteristisch weit ausladenden und zugleich rekapitulierend raffenden Geste die Theoriebildung der Humanwissenschaften des 20. Jahrhunderts Revue passieren. Was bei Paulus vermöge der Deaktvierung bzw. Aufhebung des Gesetzes als Zusammenhang von Unterbrechung und Vollendung sichtbar wird, sei in dieser Tradition immer entkoppelt und getrennt worden. Deshalb klafften Recht und Religion, Anfang und Ende, Gründung und Vollendung verbindungs-

und hoffnungslos auseinander. Weil diese Strategie, von der Detailexegese auf sehr abstrakte Großthesen umzuschalten, für Agamben nicht untypisch ist, sei der fragliche Passus hier zur Gänze zitiert:

»In unserer Tradition ist ein metaphysisches Thema, das sich vornehmlich um die Momente von Gründung und Ursprung dreht, mit einem messianischen Thema verbunden, das sich um das Moment der Vollendung dreht. Aber eigentlich messianisch und *historisch* ist die Vorstellung, wonach Vollendung nur dann möglich ist, wenn sie die Gründung wiederaufnimmt und widerruft, mit ihr also abrechnet. Wenn sich die zwei Momente spalten, so erhält man die Situation, die am deutlichsten in der Husserlschen *Krisis* belegt ist: eine Gründung, der nur eine unendliche Aufgabe entspricht. Wenn man das messianische Thema fallenläßt und sich nur um das Moment der Gründung und des Ursprungs oder – was dasselbe ist – um deren Abwesenheit kümmert, erhält man einen leeren Bedeutungsprozeß, der am Nullpunkt ist, und die Geschichte ist dann dessen unendlicher Aufschub.« (Z 117 f.)[62]

In Agambens Augen belässt uns das in einer Lage, die aporetischer ist als die Antinomie des Paulus, welche sich in Agambens Deutung durch die Deaktivierung des Gesetzes auflöst: Auf der einen Seite gibt es ein gutes, gerechtes Gesetz, das aber keine Rettung bewirken kann, auf der anderen Seite einen Glauben, der, obwohl er ursprünglich auf jenen quasi-juridischen Vertrag zwischen Gott und Abraham zurückgeht, eine Rettung ohne Gesetz möglich machen soll. In dieser Situation des hoffnungslosen Wartens befindet sich Kafkas Mann vom Lande in »Vor dem Gesetz«.

3. Das nackte Leben (Aristoteles, Foucault, Benjamin)

»Die Behauptung (Carl Schmitts, E.G.), dass ›die Regel [...] von der Ausnahme‹ ›lebt‹, [muss] buchstäblich genommen werden« (HS 37), fordert Agamben. Auf die Frage, was Gegenstand der ausschließenden Einschließung in der Ausnahme ist, antwortet das »nackte Leben« im Untertitel seines Buches. Das dem Recht oft als vorgängig angenommene, eigentlich aber, so argumentiert Agamben, von ihm qua Herausnahme erst konstituierte Phänomen ist also das bloße Leben. Das nackte oder bloße (und entblößte) Leben ist nicht eine vorgängige Substanz, sondern ein nach Abzug aller Formen verbleibender Rest. Parallel zur Darstellung seines Souveränitätsbegriffs empfiehlt es sich auch für Agambens Verständnis des Lebens, diesen Begriff im Ausgang von den Quellen zu konturieren, auf die er sich bezieht. Unter ihnen sind drei besonders wichtig: die aristotelischen Begriffe für das Leben, *bios* und *zoe*, Foucaults Theorem der Biopolitik und schließlich einige spärliche, aber für Agambens Interpretation des *homo sacer* als Inkarnation ›bloßen Lebens‹ maßgebliche Hinweise auf das Dogma von der Heiligkeit allen Lebens bei Walter Benjamin.

In einem berühmten Passus seiner *Politik* definiert Aristoteles den Menschen als *zoon politikon*, häufig übersetzt als »politisches Tier«. Seiner Prominenz ungeachtet führt die damit eingeschlagene Deutung in eine Sackgasse, wenn es um das Verständnis des Lebens in der Antike und insbesondere bei Aristoteles geht. Im Gegenzug zu einer Deutung, die den Menschen als Lebewesen mit zusätzlichen politischen Ambitionen begreift, erinnert Agamben daran, dass der aristotelische Politikbegriff sich gerade nicht am griechischen Wort *zoe*, sondern an dem anderen griechischen Wort *bios* orientiert. In unseren Lehnwörtern (Zoologie und Biologie) ist die ehemals strenge Unterscheidung dieser beiden Begriffe nicht mehr zu erkennen. »Bios« meint aber im Griechischen gerade nicht ein allgemeines, unqualifiziertes Leben, sondern genau umgekehrt ein qualifiziertes Leben oder eine Lebensform, zum Beispiel das theoretische Leben (lat. *vita contemplativa*) oder eben auch das politische Leben. Strikt von *bios* getrennt, bedeutet *zoe* das einfache Lebendigsein, das nicht nur Göttern und Menschen, sondern auch Tieren zukommt. Die *zoe*, das unqualifizierte Leben aller, kann jedoch in der antiken Vorstellung niemals Gegenstand der Politik sein. Die Reproduktion des Lebens in Form von Lebenserhaltung und Fortpflanzung spielt sich ausschließlich in der privaten Sphäre des *oikos* ab, ohne je Zugang zu den Belangen der *polis* zu erhalten. Agamben zeigt aber auch, dass diese Unterscheidung nicht erst in den modernen Sprachen, sondern schon in der römischen Antike erschüttert wird. Als Beleg einer mindestens indirekten Bezüglichkeit zwischen kreatürlichem Leben und politischem Leben gilt ihm die *vitae necisque potestas*, die unmittelbare und absolute, weil nicht rechtlich kodifizierte Macht, die ein römischer Vater über das Leben seines Sohnes besaß. Die bedrückende Präsenz einer solchen Tötungsmacht in der durchorganisierten römischen Republik deutet sich Agamben so, »wie wenn die männlichen Bürger für ihre Teilnahme am politischen Leben mit einer bedingungslosen Unterwerfung unter eine Macht über den Tod bezahlen müßten« (HS 100).

Die Politisierung des natürlichen Lebens, deren Urformen Agamben bereits im antiken Rom aufspüren möchte, haben andere als ein genuin modernes Phänomen diagnostiziert. Zu ihnen gehört neben Hannah Arendt, die den Verfall der alten Unterscheidung zwischen *polis* und *oikos* bedauert hat, auch Michel Foucault, der ausführlich dargelegt hat, wie das ehemals vom Gemeinwesen ausgeschlossene Leben zum bevorzugten Gegenstand der Politik wurde: »Der moderne Mensch ist ein Tier, in dessen Politik sein Leben als Lebewesen auf dem Spiel steht.« (Foucault, HS 13; vgl. unten Kapitel IV.7).

Etwas vergröbernd lassen sich bei Foucault drei Formen der Macht unterscheiden: die ›souveräne Macht‹ im engeren Sinne territorialer Feudalstaatlichkeit, die ›Disziplinarmacht‹, die sich an der Schwelle vom 17. zum 18. Jahrhundert herausbildet, und schließlich die von Foucault erst in seinen letzten Lebensjahren beschriebene moderne ›Biomacht‹ oder ›Biopolitik‹. Während die Disziplinarmacht (exemplarisch etwa in der Erziehung oder in der Entstehung des modernen Strafrechts) den individuellen Körper zu disziplinieren sucht, wendet sich die Biomacht der Gattung bzw. der Bevölkerung zu. Ihr Anliegen ist die Regulierung des Bevölkerungsganzen.

Diese drei Machtformationen sind nun weder historisch noch theoretisch eindeutig abzugrenzen, sondern stellen sich vielfach verschlungen und in Überlappungen dar. Besonders interessant und für Agambens Projekt aufschlussreich sind bei Foucault die gleichsam spiegelbildlichen Beziehungen zwischen der älteren souveränen und der modernen Biomacht seit dem 19. Jahrhundert. Das Attribut der älteren Souveränität bestand nach Foucault in dem Recht, »sterben zu machen oder leben zu lassen«[63]. Hat der Souverän das Recht über Leben und Tod inne, so übt er es doch nur in einer bestimmten Richtung aus; vollzogen wird das Recht über Leben und Tod im Akt der Tötung: »es handelt sich wesentlich um ein Recht des Schwertes«[64]. Dieses ältere Recht wird nun nach Foucault nicht geradezu abgelöst, aber ergänzt und gleichsam vervollständigt durch die Biomacht, welche umgekehrt ihre Macht in dem Recht behauptet, »leben zu machen und sterben zu lassen«[65]. Dabei richtet sie sich aber nicht auf den Menschen als Individuum (wie es noch die Disziplinarmacht tat, die die ältere Herrschaft des Schwerts durch – scheinbar – humanere Techniken zur Herstellung gelehriger Körper abgelöst hatte), sondern an den Menschen als Lebe- und Gattungswesen, als Teil einer *Population.* Die ersten Wissensgegenstände dieser neuen Biomacht sind Geburtenrate, Sterberate und statistische Erhebungen zur Lebensdauer. Hier lokalisiert Foucault die Anfänge der andauernden Medikalisierung der Gesellschaft: »es geht darum, das Leben zu erfassen, die biologischen Prozesse der Spezies Mensch«[66]. Diese Macht ist folglich eine lebenssteigernde, Leben optimierende Macht und in letzter Instanz »die Macht, leben zu machen«[67]. Als Beispiel für die paradoxe Koinzidenz beider Machtformen führt Foucault den Tod des spanischen Diktators Franco an. Inbegriff des Tyrannen, »der für 40 Jahre das souveräne Recht über Leben und Tod hatte absolut regieren lassen«[68], sieht Franco sich im Sterben mit einer neuen Macht konfrontiert, die ihr Recht über Leben und Tod in Form der Lebenserhaltung um jeden Preis vollzieht.[69]

Agamben übernimmt Foucaults Begriff der ›Biopolitik‹ oder ›Biomacht‹[70], aber er will im Unterschied zu Foucault einen direkten Zusammenhang geltend machen zwischen dem Typus der älteren souveränen Macht, die sterben macht und leben lässt, und der neuen Biomacht, die leben macht und sterben lässt. Er will nachweisen, »daß die Einbeziehung des nackten Lebens in den politischen Bereich den ursprünglichen – wenn auch verborgenen – Kern der souveränen Macht bildet. *Man kann sogar sagen, daß die Produktion eines biopolitischen Körpers die ursprüngliche Leistung der souveränen Macht ist.*« (HS 16) Der von allem Recht entblößte und bedingungslos tötbare *homo sacer* ist das Emblem dieses Nexus von Biomacht und souveräner Macht. Aus Sicht Foucaults ist eine derart unmittelbare Verquickung von Biomacht und souveräner Macht schon aus historischen Gründen nicht haltbar, denn erst die Moderne stellt die für eine Herausbildung der Biopolitik unverzichtbaren Wissensbestände bereit. Aber in Agambens Adaptation des Begriffs stellt Biopolitik keine spezifisch moderne Metamorphose der Macht unter Bedingungen der Bevölkerungsexplosion und der industriellen Revolution dar, sondern ein archaisches Phänomen, das nach langer Latenz erst in der Moderne manifest geworden sei. Er behauptet mit radikaler Konsequenz: »Dem nackten Leben kommt in der abendländischen Politik das einzigartige Privileg zu, das zu sein, auf dessen Ausschließung sich das Gemeinwesen der Menschen gründet.« (HS 17)[71]

Die dritte und wichtigste Quelle für Agambens Verständnis des ›bloßen Lebens‹ als Gegenstand der souveränen Ausnahme findet sich in Walter Benjamins Aufsatz »Zur Kritik der Gewalt« von 1921 (vgl. Kapitel IV.7b). Dort setzt sich Benjamin beiläufig mit dem unter damaligen Pazifisten gängigen, heute in bioethischen Kommissionen, aber auch von Tierschützern gern vorgebrachten Argument der Heiligkeit des Lebens auseinander, das ein Recht auf Tötung in Gestalt der Notwehr, der Todesstrafe oder auch im Krieg prinzipiell ablehnt. Benjamin zitiert aus Kurt Hillers in der Zeitschrift *Das Ziel* veröffentlichtem Manifest »Anti-Kain«: »Wir aber bekennen, daß höher noch als Glück und Gerechtigkeit eines Daseins [...] Dasein an sich steht.«[72] Dieses Diktum ist in Benjamins Augen von einer problematischen Zweideutigkeit versehrt: »Falsch und niedrig ist der Satz, daß Dasein höher als gerechtes Dasein stehe, wenn Dasein nichts als bloßes Leben bedeuten soll.«[73] Mit antikischer Strenge lehnt Benjamin eine Sakralisierung der aristotelischen *zoe*, des nackten Daseins ab. Aber er fügt hinzu, dass der Satz auch eine andere Lesart eröffnet, wenn »Dasein (oder besser Leben) [...] den unverrückbaren Aggregatzustand von ›Mensch‹ meint«[74]. Solches Menschsein sei aber nicht reduzibel auf das »bloße(n) Leben des Menschen«, sei nicht mit irgendwelchen seiner Zustände und Eigenschaften zu verwechseln, ja nicht einmal, insistiert Benjamin, auf sein »leibliches, durch Mitmenschen verletzliches

Leben« sei der Aggregatzustand Mensch bezogen.[75] Zwar ist menschliches Leben auch Benjamin heilig, aber er äußert sich nur sehr vage über die Qualitäten solchen Heiligkeit beanspruchenden Lebens. Es sei jenes, »welches identisch in Erdenleben, Tod und Fortleben liegt«. Indem es die Grenzen zwischen Leben, Tod und Nachleben überschreitet, kann das von Benjamin gemeinte Leben jedenfalls kein wie immer definiertes bloßes, kreatürliches Leben sein.[76]

Aber Benjamin spekuliert über die möglichen Anfänge der Heiligung des Lebens. Instinktiv möchte man einen theologischen Ursprung der Heiligkeit des Lebens annehmen: dass jede Kreatur der göttlichen Schöpfung heilig sei. In der Tat verfügen alle Religionen über ein Gebot gegen den Mord, aber ihm liegen laut Benjamin »andere Gedanken« zugrunde »als dem modernen Theorem« von der Heiligkeit des Lebens.[77] Das ältere mythische Denken kommt für ihn als Quelle des Dogmas aber auch nicht in Frage, denn im Mythos (auch im christlichen Mythologem von der Erbsünde) ist ›das bloße Leben‹ »der gezeichnete Träger der Verschuldung«[78]. Benjamin schließt seine Überlegungen mit dem Satz: »Dem Ursprung des Dogmas von der Heiligkeit des Lebens nachzuforschen möchte sich verlohnen.« Dieser Aufforderung ist Agamben nachgekommen. Und im archaischen römischen Recht wurde er fündig. Das fragmentarisch erhaltene Traktat *De significatione verborum* des Sextus Pompeius Festus enthält unter dem Lemma *sacer mons* den Verweis auf eine Figur des archaischen römischen Rechts, »in der sich die Heiligkeit zum ersten Mal mit einem menschlichen Leben« (HS 81) verbindet.

4. *Homo sacer*

In dem Adjektiv ›heilig‹ der Formel *homo sacer* verschränken sich zwei widersprüchliche Attribute, deren Zusammenhang antiken und modernen Kommentatoren verschlossen blieb, weil sie nicht in der Lage waren, ihr Wissen um die Charakteristika des Heiligen mit der paradoxen Definition dieser Figur in Einklang zu bringen. Man wusste zwar, dass *sacer* sowohl heilig wie auch verflucht bedeuten kann, aber diese Erkenntnis trägt zur Erhellung der rätselhaften Figur kaum bei. Wer zum *homo sacer* erklärt wurde, sah sich doppelt rechtlos geworden, weil er sowohl von der religiösen Rechtsordnung (*ius divinum*) als auch von der weltlichen Rechtsordnung (*ius profanum*) ausgeschlossen war. Den Göttern durfte er nicht geopfert werden, aber seine Tötung stellte auch kein rechtliches Vergehen dar. Anders: Jeder konnte den *homo sacer* töten, ohne einen Mord zu begehen; wer ihn aber den Göttern opferte und ihn also göttlicher Gerichtsbarkeit unterstellte, beging ein Sakrileg. Die beiden Attribute der Nicht-Opferbarkeit und der (straflosen) Tötbarkeit machen die Bezeichnung eines solchen Menschen als heilig höchst rätselhaft. Da die Heiligung (lat. *consecratio*) üblicherweise den Übergang *aus* der profanen *in* die göttliche Rechtsordnung meint, erscheint das Opferverbot unerklärlich. Wenn man aber annimmt (wie der Mythenforscher Karl Kerényi), dass der *homo sacer* nicht erst heilig gesprochen wurde, sondern vorab den unterirdischen Göttern gehörte und von daher *sacer* im Sinne des Verflucht-Seins war, dann bleibt unerklärlich, warum ihn jeder töten konnte, ohne sich zu beflecken.

Die Ethnologen und Mythenforscher haben die Widersprüche der enigmatischen Figur aufzulösen versucht, indem sie den Begriff des Tabus heranzogen, der seit dem 19. Jahrhundert und noch in der Psychoanalyse (namentlich in Freuds *Totem und Tabu*) vorzugsweise auf ambivalente Phänomene angewendet wurde. Was dem Tabu unterliegt, gilt sowohl als heilig wie auch verflucht, ist Gegenstand von Verehrung und Furcht gleichermaßen. Aber die Berufung auf Ambivalenz als Letztbegründung und gleichsam unhintergehbare Urqualität alles Heiligen erklärt in diesem Falle nicht nur nichts, sondern verdeckt geradezu das Problem. Deshalb sieht sich Agamben an diesem Punkt seines Forschungsreferats zum *homo sacer* veranlasst, in exkursartiger Form eine knappe Geschichte der »Theorie der Ambivalenz des Heiligen« (HS 85) seit dem 19. Jahrhundert zu skizzieren. Die wenigen Seiten gehören vielleicht zu seinen überzeugendsten Leistungen. Weil die Konsequenzen aus Agambens Abrechnung mit dem Ambivalenztheorem, dessen schonungslose Enthüllung als »wissenschaftliche[s] Mythologem« (HS 90) von einer kaum zu überschätzenden Tragweite für unser Verständnis von Religion und Geschichte in der Moderne ist, verdienen sie eine ausführlichere, die Implikationen dieser Kritik entfaltende Darstellung (vgl. Kapitel IV.7 e). Hier genügt zunächst der Hinweis, dass die ›Ambivalenz‹ des ›Tabus‹ für die Figur des *homo sacer* schlechterdings keinen Erklärungswert besitzt.

Mit seiner Logik der Ausnahme hat sich Agamben ein Begriffsinstrumentarium erarbeitet, das eine präzisere Analyse ermöglicht. Der *homo sacer* stellt eine doppelte Ausnahme von zwei Rechtsordnungen dar, die den zum *homo sacer* erklärten Menschen schutzlos beiden Mächten ausliefert. Die souveräne Ausnahme und die Ausnahme des *homo sacer* konvergieren im Aspekt der überlassenden Entlassung aus der Ordnung: »Denn so wie bei der souveränen Ausnahme das Gesetz sich auf den Ausnahmefall anwendet, indem es sich abwendet und zurückzieht, so ist der *homo sacer* der Gottheit in Form des Nichtopferbaren übereignet und in Form des Tötbaren in der Gemeinschaft eingeschlossen.« (HS 92) In der Figur des *homo sacer* treten göttliche und profane Rechtsordnung so auseinander wie Naturzustand und Rechtszustand in der souveränen Ausnahme, um den Blick auf eine Sphäre freizugeben, die weder dem einen noch dem anderen angehört und in dieser Isolation aus dem Verborgenen heraus ihren Bezug stiftet. In dieser Sphäre trifft der *homo sacer* auf den Souverän, denn *beide* werden von der Ordnung durch Ausschluss eingeschlossen. Erst mit dem *homo sacer* ist die Struktur des souveränen Banns vollständig: »Der Bann ist im strengen Sinne die Kraft, welche die beiden Pole der souveränen Ausnahme verbindet: das nackte Leben und die Macht, den *homo sacer* und den Souverän.« (HS 120)

Die Figur des *homo sacer* ist für Agamben die Urszene einer jeden *politischen* Gemeinschaftsbildung. Deshalb ist er nicht zu verwechseln mit der Figur des Sündenbocks, die René Girard analysiert hat. Girards Theorie (wie übrigens viele Opfertheorien im 19. und 20. Jahrhundert) setzt die Gemeinschaft als bereits (gewaltsam) konstituiert voraus. Sie schützt sich nur vor der ihr innewohnenden Gewalt durch die ritualisierte Austreibung des Sündenbocks.[79] Aber auch ein Vergleich des *homo sacer* mit Freuds Geschichte von der Erschlagung des Urvaters in *Der Mann Moses und die monotheistische Religion* (1938) ist nur bedingt hilfreich, denn Freud ging es nicht um Gemeinschaftsbildung, sondern um den Ursprung des Monotheismus. Während Girard (aber auch Freud) annehmen, dass es so etwas wie einen Urzustand schierer Gewalt gibt, die durch die Gemeinschaft eingehegt, eingedämmt, ritualisiert oder auch sublimiert wird, behauptet Agamben umgekehrt, dass sich die Unterscheidung zwischen schierer Gewalt und gehegter (sanktionierter Gewalt) eben erst auf der ›Schwelle der Ordnung‹ überhaupt einstellt. Für Agamben markiert der *homo sacer* deshalb eine Urszene nicht nur der religiösen, sondern der politischen Gemeinschaftsbildung überhaupt, die der Genese von Recht und Religion vorausliegt. Der *homo sacer* »stellt die ursprüngliche Figur des in Bann genommenen Lebens dar und bewahrt das Gedächtnis der ursprünglichen Ausschließung, mittels deren sich die *politische Dimension* konstituiert hat« (HS 93, Hervorh. E.G.). Die Formulierung verdeutlicht, dass es für die Argumentation unerheblich ist, ob im archaischen Rom tatsächlich *homines sacri* anzutreffen waren: Ihre Bedeutsamkeit wächst dieser Figur erst nachträglich zu. Nur auf der Folie moderner Entwicklungen gibt der *homo sacer* sein Geheimnis preis.[80]

Der *homo sacer* ist für Agamben das Urbild des nackten Lebens, auf dessen Absonderung sich alle Macht gründet. Das Leben, dessen Beziehung zur Macht zunächst also nur in Form des Ausschlusses gegeben war, rückt in der historischen Entwicklung zusehends in den Einzugsbereich der Macht und erhebt sich an einem bestimmten Punkt in ihrem Zentrum, wo es ihr bevorzugter, ja einziger Gegenstand wird. Dieser Punkt fällt mit dem Beginn dessen zusammen, was Foucault Biopolitik genannt hatte.

Die neuartige Einschreibung des natürlichen oder bloßen Lebens in die politisch-juridische Ordnung, die Foucault als biopolitische Schwelle galt und die für Agamben den Umschlag vom umwegigen Ausschluss des Lebens in den unmittelbaren Zugriff auf dasselbe markiert, vollzieht sich einmal mehr als Heiligsprechung. Kodifiziert wurde die erneute Heiligung des Lebens u.a. in Gestalt der 1789 im Zuge der Französischen Revolution und der amerikanischen Unabhängigkeitserklärung verkündeten Menschenrechte. Weil die Figur des *homo sacer* an die problematischen Aspekte der Heiligung menschlichen Lebens erinnert, wirft sie auch einen dunklen Schatten auf die Menschenrechte: »Die Heiligkeit des Lebens, die man heute gegen die souveräne Macht als Menschenrecht in jedem fundamentalen Sinn geltend machen möchte, meint ursprünglich gerade die Unterwerfung des Lebens unter eine Macht des Todes.« (HS 93) Nun bezichtigt Agamben die Menschenrechte keineswegs der Verantwortung für den Siegeszug der Biopolitik, aber er insistiert auf ihrer Verstrickung und macht etwas geltend, das Adorno und Horkheimer 1944 ›Dialektik der Aufklärung‹ nannten und das Foucault in seinem Buch *Sexualität und Wahrheit I* ebenfalls beschäftigte. Foucault wies nach, wie die vermeintliche Fortschrittsgeschichte der Emanzipation von sexuellen Tabus zugleich ein Instrument der Kontrolle und Reglementierung der Sexualität bereitstellte. Ähnlich argumentiert Agamben, dass »die Räume, die Freiheiten, die Rechte, welche die Individuen in ihren Konflikten mit den zentralen Mächten erlangen, [...] jedesmal zugleich eine stille, aber wachsende Einschreibung ihres Lebens in die staatliche Ordnung [anbahnen]« (HS 129).

Dass in den Menschenrechten ein Problem beschlossen liegt, das über die pragmatische Frage ihrer technischen Durchsetzbarkeit hinausgeht, haben die Diskussionen der letzten Zeit bewiesen.[81] Aber die kritische Auseinandersetzung mit den Menschenrechten ist älter. So hat sich Karl Marx schon 1843 in einem für die heutige ›Identitätenpolitik‹ denkwürdigen Text *Über die Judenfrage* kritisch zur Erklärung der Menschenrechte geäußert. Als einer der ersten hat er nachzuweisen versucht, dass die Menschenrechte keineswegs universale sind, sondern ihr Universalismus von der Unterscheidung zwischen Mensch (*homme*) und Bürger (*citoyen*) abhängt, also eine Trennung zwischen ›natürlicher‹ und ›politischer‹ Sphäre voraussetzt: »Das Menschenrecht der Freiheit basiert auf der Absonderung des Menschen vom Menschen.«[82] Auf Marx, der in einer erschreckenden Argumentation seines Textes Juden das Recht auf Partikularität und damit exemplarisch allen Partikularitäten ihr Recht auf Rechte absprach, bezieht sich Agamben freilich nicht.[83]

Er hält sich vornehmlich an Hannah Arendt, die ihrerseits argumentiert hatte, dass das Problem der Menschenrechte in ihrer Koppelung an Staatsbürgerschaftsrechte besteht. Die unmenschlichen Konsequenzen dieses Nexus traten spätestens nach dem Zusammenbruch der großen Reiche im Ersten Weltkrieg zutage: »Im System des Nationalstaates erweisen sich die sogenannten heiligen und unveräußerlichen Menschenrechte, sobald sie nicht als Rechte des Staatsbürgers zu handhaben sind, als bar allen Schutzes.« (HS 135)

Im Ausgang von Arendt entfaltet Agamben die aporetische Problematik der Menschenrechte anhand der doppelten Rolle, die die Geburt in ihnen spielt. Der Grundsatz der Menschenrechte, dass alle Menschen frei geboren sind, war von Anfang an dadurch eingeschränkt, dass die Geburt zugleich das Kriterium der Mitgliedschaft in einer Nation darstellte. Die Loslösung der modernen Nationen von der durch ›gebürtliche‹ Abstammung geregelten feudalen Gesellschaftsordnung blieb insofern unvollständig, als bis heute entweder das *ius sanguinis* (Blutsverwandtschaft, bis vor kurzem noch in Deutschland) oder das *ius solis* (der Geburtsort, wie etwa in den USA) über die Staatsangehörigkeit entscheidet.

Die Art, wie die Menschenrechte eine Einschreibung des Menschen in den Staat vornehmen, ist für Agamben nur eine, freilich wichtige, historische Station im Politisierungsprozess des Lebens. Das zugrunde liegende Prinzip jedoch – im Menschen das Menschliche vom Nichtmenschlichen, den Bürger vom bloßen Menschen zu trennen – ist älter. Von dem offenbar grundlegenden Bedürfnis, im Menschen den Menschen von dessen bloßem Leben zu trennen, zeugt die strikte antike Gegenüberstellung von *bios* und *zoe* ebenso wie die kompliziertere, moderne Differenzierung zwischen Mensch und Staatsbürger. Immer wieder ist versucht worden, im Menschen ein bloßes von seinem politischen Leben zu isolieren. Die Weise, in der dies durch die Menschenrechte geschah, ist nur ein Schritt auf dem Wege der Einschreibung des kreatürlichen Lebens in die juridisch-politische Ordnung, in diesem Falle derjenigen des Nationalstaates. Die archaische Figur des *homo sacer*, den jeder töten, aber keiner opfern darf, erinnert daran, dass im Hintergrund dieser Einschreibungen stets eine Macht über Leben und Tod steht.[84]

Aber innerhalb der Kontinuität, zu der Agamben die europäische Geschichte der verschiedenen Einschreibungen des Lebens in das (Staats-)Recht tendenziell gerinnt, gibt es einen entscheidenden Bruch. Mit ihm vollzieht sich ein Paradigmenwechsel, der Agambens Ausführungen ihre düstere Aktualität verleiht. Hier konzentriert sich die *longue durée* im Brennpunkt der ›eigenen historischen Erfahrung‹. Mit der Einrichtung von Lagern haben sich für Agamben die Voraussetzungen des Verhältnisses von Leben und Recht einschneidend und langfristig verändert. Als kontrafaktische Anspielung auf Carl Schmitts *Nomos der Erde* betont Agambens Formulierung vom »Lager als *nómos* der Moderne« die historische Zäsur, welche die Verortung des Ausnahmezustands im Lager darstellt. Schmitt hatte, wie oben gezeigt, unter *nomos* den »raumteilenden Grund-Vorgang«[85] verstehen wollen, insbesondere die »Ortung«, die »Landnahme« als Ur-Akt des Rechts. Agamben teilt Schmitts Diagnose, dass dieser alte, im europäischen Völkerrecht kanonisierte ›*nomos* der Erde‹ zerfallen sei und sich die ehedem nationalstaatlich gebundene Rechts- und Politikform unwiderruflich gewandelt habe. Aber während sich für Carl Schmitt dieser Untergang in den Neuerungen moderner Kriegsführung abzeichnete, akzentuiert Agamben die mit Kriegen zunächst verbundene, sich aber zusehends davon emanzipierende und in Permanenz übergehende Transformation des Ausnahmezustands. Im

Lager nimmt der Ausnahmezustand zuletzt dauerhafte räumliche Gestalt an. Mit den ersten Lagern entstand ein neuer (Rechts-) Raum auf dem Boden einer (noch) nationalstaatlich organisierten Welt. Lager werden nicht wie Kolonien oder Städte gegründet oder erobert (bevorzugte Beispiele Schmitts für den alten *nomos*), sondern eingerichtet auf einem schon befestigten Territorium, zu dem sie nicht gehören, weil die Rechtsordnung dieses Territoriums in ihnen nicht gilt. War der *homo sacer* die Trope oder Figur der Konstituierung des Politischen, so möchte Agamben das Lager als den realen Ort erkennen, wo *homines sacri* systematisch produziert und getötet werden können.

5. Das Lager als *nomos* der Moderne

Unerlässlich für ein Verständnis des Zusammenhanges, in dem die archaische Figur des *homo sacer* mit Agambens Analyse des Lagers als des neuen Paradigmas moderner Politik steht, ist die spezifische Ortlosigkeit des *homo sacer*. Weil für Agamben erst mit seinem Ausschluss die separaten Sphären (des Rechts und der Natur, des religiösen und des profanen Rechts) sich ausbilden, ist der *homo sacer* selbst ohne festen Ort in der Ordnung, an deren Einräumung er namenlos erinnert. Diesen Aspekt der Ortlosigkeit rücken die Parallelen in den Vordergrund, die Agamben zwischen dem römischen *homo sacer* und dem germanischen Werwolf aufzeigt. Wie jener doppelt aus göttlicher und weltlicher Rechtsordnung verbannt ist, erfährt sich dieser der menschlichen und tierischen Gemeinschaft gleichermaßen verwiesen. »Die Verwandlung in einen Werwolf entspricht exakt dem Ausnahmezustand, während dessen (notwendig begrenzter) Dauer das Gemeinwesen aufgelöst ist und die Menschen in eine Zone der Ununterscheidbarkeit mit den Tieren geraten.«

(HS 117) In einer für das Motiv des entblößten, nackten Lebens besonders einleuchtenden Weise unterstreicht die mittelalterliche Erzählung *Bisclavret* die Unverortbarkeit der Verräumlichungsfunktion des *homo sacer*. Denn die Rückverwandlung des Werwolfs in einen Menschen ist dieser Erzählung zufolge nicht an einen spezifischen Ort, sondern an das Wiederanlegen der zuvor abgelegten Kleider gebunden. Erst mit der Einrichtung von *Lagern* wird die Ortlosigkeit des *homo sacer* territorial bestimmt und der zeitlich begrenzte Ausnahmezustand auf Dauer gestellt. »Als man in unserer Zeit versucht hat, diesem Unlokalisierbaren eine dauerhafte sichtbare Lokalisierung zu verleihen, kam das Konzentrationslager heraus.« (HS 30) Während der Ausnahmezustand lange die Form einer einschließenden Ausschließung hatte, erscheint das Lager als die Hereinnahme des Ausgeschlossenen in das Territorium des Staates. Ist der Imperialismus ein Vorbote der Globalisierung, die den Nationalstaat von außen zersetzt, so ist das Lager der Ort, an dem sich der Staat von innen heraus aufzulösen beginnt.

Zu den Vorbedingungen der Lokalisierung des Ausnahmezustands im Lager gehört dessen zeitliche Erweiterung. Historisch beobachtbar ist sie vor allem als eine durch vielfältige Anwendung gleichsam erprobte Ausweitung der Ausnahmebedingungen (wie man sie aus dem Kriegsrecht kennt) auf die Zivilbevölkerung. Anhand einer Reihe von Beispielen deckt Agamben den Ausnahmezustand als juridisches Fundament der Lagerbildung auf. Im Hintergrund der ersten *campos de concentraciones* der Spanier auf Kuba 1896, der *Schutzhaft* im Nationalsozialismus und der Gefangenenlager in Guantanamo Bay steht stets eine Ausdehnung des Ausnahmezustands. »*Das Lager ist der Raum, der sich öffnet, wenn der Ausnahmezustand zur Regel zu werden beginnt.*« (HS 177) Für diese These stehen Agamben zahlreiche geschichtswissenschaftliche Untersuchungen zur Verfügung, unter denen er sich im ersten Teil von *Homo sacer* vor allem auf die damals jüngste Studie von Drobisch und Wieland über das System der NS-Konzentrationslager (1993) bezieht. Dort wird die Genese der Schutzhaft, rechtliche Grundlage der Internierungen, aus preußischen Rechtsinstituten der Jahrhundertmitte entwickelt, insbesondere aus dem Gesetz »zum Schutz der persönlichen Freiheit«. Es sollte sich als ein Recht erweisen, das im Namen des Schutzes der persönlichen Freiheit der Menschen dieselben ihrer Freiheit beraubt.

Viermal wurde der Ausnahmezustand in der Weimarer Republik zwischen 1919 und 1924 mit einer Dauer von bis zu fünf Monaten ausgerufen. Als es die Nazis 1933 faktisch einmal mehr taten, beriefen sie sich zwar auf den entsprechenden, persönliche Freiheiten und Rechte aussetzenden Notstandsartikel 48 der Weimarer Verfassung, aber der juristische Terminus ›Ausnahmezustand‹ fand keine Anwendung. Es handelte sich bei der »Verordnung zum Schutz von Volk und Staat«, die bis zum Ende des Regimes in Kraft blieb, um einen Ausnahmezustand nicht als Voraussetzung einer Entscheidung, sondern als Resultat einer Verordnung. Die nationalsozialistischen Juristen erkannten das Novum und sprachen von der Verordnung als einem »gewollten Ausnahmezustand« (Werner Spohr, HS 177). Hier zeigt sich der Ausnahmezustand tatsächlich »in seiner Reinheit« (Carl Schmitt): die Situation, von der der Souverän entscheiden sollte, ob sie vorlag oder nicht, wurde im Falle des Nationalsozialismus allererst hergestellt. Damit ist der Unterschied zwischen Norm und Ausnahme getilgt. »Insofern der Ausnahmezustand ›gewollt‹ ist, begründet er ein neues juridisch-politisches Paradigma, in dem die Norm von der Ausnahme ununterscheidbar wird.« (HS 179) Der Ausnahmezustand wird zum *nomos* (zur Norm) und seine ›Ortung‹ ist das Lager: »Das Lager [...] ist die Struktur, in welcher der Ausnahmezustand [...] *normal* realisiert wird.« (HS 179)[86] Das nationalsozialistische Lager interessiert Agamben im ersten Buch der Homo-Sacer-Tetralogie (im Unterschied zu dem späteren über Auschwitz = *Homo sacer* III) zunächst also nicht als historisch einmaliges Phänomen, sondern als Paradigma einer verwandelten juridischen Struktur, der eine ebenso radikale Transformation der Biopolitik korrespondiert.

Der unmittelbare Zusammenhang zwischen Biopolitik und veränderter Rechtslage deutet sich schon dadurch an, dass die juridische Reformulierung des Ausnahmezustands (der so nun nicht mehr heißt) auch von einer anderen Verschiebung im Verhältnis von Leben und Gesetz begleitet wird, der Agamben große Bedeutung beimisst. Was Carl Schmitt formulierte und worauf sich Adolf Eichmann bei seinem Prozess in Jerusalem immer wieder berief, dass die Stimme des Führers unmittelbar Gesetz sei, zeigt auf seine Weise, dass es keinen Unterschied mehr gab zwischen der Herstellung einer Norm und der Anwendung eines Gesetzes. »Der Führer ist, nach der pythagoreischen Definition des Souveräns, tatsächlich ein *nómos émpsychon*, ein lebendes Gesetz.« (HS 182) Die Koinzidenz von Leben und Gesetz in Wort und Tat des Führers bezeichnet einen entscheidenden Wandel in der Entwicklung der Biopolitik seit der Erklärung der Menschenrechte. Während sich dieses Paradigma dort als Einschreibung eines nackten Lebens in die politische Ordnung qua Geburt darstellte, bedarf es jetzt keiner Prozeduren der Einschreibung mehr, denn das Leben ist im Begriff der Rasse selbst *unmittelbar* politisch. Das Leben erweist sich als ein Gesetz, das Aufgaben vorgibt und unmittelbar politischen Handlungsbedarf auslöst. Darin liegt die eminente Bedeutung des nationalsozialistischen Begriffs der Rasse, die nicht nur zu erhalten, sondern in ihrer Reinheit erst zu produzieren ist (›leben machen‹). Die Absonderung des jüdischen Körpers *ist* im Nationalsozialismus schon die Produktion des deutschen Volkskörpers. Sie geschieht im Lager.

»Was der Aufseher oder Funktionär vor sich hat, ist kein außerrechtliches Faktum (ein Individuum, das biologisch der jüdischen Rasse zugehört), auf die es das discrimen der nationalsozialistischen Norm anzuwenden gilt; im Gegenteil jede Geste, jeder Vorfall im Lager [...] setzt die Entscheidung über das nackte Leben ins Werk, die den deutschen biopolitischen Körper verwirklicht. Die Absonderung des jüdischen Körpers ist unmittelbar Produktion des eigentlichen deutschen Körpers.« (HS 183)

Im Lager kollabiert die alte nationalstaatliche Ordnung. Das biopolitische Paradigma radikalisiert sich bis zu dem Punkt, an dem Leben und Politik so ununterscheidbar werden wie Normstiftung und Gesetzesanwendung, Regel und Ausnahme. Das Lager beweist, dass »menschliche Wesen so vollständig ihrer Rechte und Eigenschaften beraubt werden können, bis es keine Handlung mehr gab, die an ihnen zu vollziehen noch als Verbrechen erschienen wäre« (HS 180).

Die Verschränkung von Biopolitik und Ausnahmelogik im Raum des Lagers wird – darauf insistiert Agamben unmissverständlich – *nicht* zum Paradigma moderner Politik erklärt aufgrund dessen, was dort geschehen ist. Paradigmatisch sind vielmehr die juridischen und biopolitischen Dispositive, die das Lager organisiert haben als einen Raum, in dem das Unmögliche wirklich werden *konnte*.[87] Grauenhaftes war vorher und wird nachher nicht nur möglich sein; es geschieht fortwährend. Aber Agambens nüchterne Analyse dieses entscheidenden Wendepunktes in einer Entwicklung, die vor dem Nationalsozialismus begann und ihn überdauert hat, rückt, indem sie vom Faktum der Einzigartigkeit dessen absieht, was in den nationalsozialistischen Lagern geschah, Aspekte ans Licht, die sich unter der Formel ›Auschwitz darf sich nicht wiederholen‹ verborgen haben könnten. Immer wieder hat man von der Systematik des Lagers, von der systematischen Fabrikation von Leichen gesprochen. Agambens Fokus erlaubt eine ebenso fatale wie erhellende Präzisierung. Es war weder nur eine ›Pathogenese der Moderne‹[88], die Auschwitz ›möglich‹ machte, noch ›Demokratieunreife‹ oder ein sei es anthropologisch, sei es national-historisch begründeter Sadismus[89], sondern auch die juristische Umdeutung eines Gesetzes ›zum Schutz der persönlichen Freiheit‹.

Agamben versteht das Lager als Raum, in dem alles möglich ist. Das heißt nicht, dass in *jedem* Lager solches geschehen muss wie in Auschwitz, aber was geschieht und nicht geschieht, hängt von Unwägbarkeiten wie der ethischen Einstellung der zeitweilig mit Souveränität Ausgestatteten ab. Dass auch Unmögliches ›möglich‹ wurde, dafür steht unwiderruflich Auschwitz als Exemplum, das zu keiner Gruppe gehört; aber als Paradigma der Möglichkeitsverwirklichung existiert es weiter. Seine »Metamorphosen und Maskierungen« (HS 131) sind noch und gerade heute präsent. In so genannten ›Auffanglagern‹, wie sie der deutsche Innenminister im Jahr 2004 avisiert hat, auf Flüchtlingsschiffen oder in den *zones d'attente* internationaler Flughäfen ist die Rechtsstruktur des Lagers wiedererkennbar.

Einerseits also stellt die Einrichtung der Vernichtungslager einen radikalen Bruch dar, weil das Leben endgültig nicht mehr umwegig eingeschrieben werden muss, sondern unmittelbar politisch ist. Andererseits aber insistiert Agamben, dass sich an diesem Wendepunkt der Geschichte eine prinzipielle Struktur enthüllt habe, die er rückwärts bis in die nebulösen Ursprünge römischen Rechts verfolgt: »Das Lager [...] ist die verborgene Matrix der Politik, in der wir auch heute noch leben und die wir durch alle Metamorphosen hindurch zu erkennen lernen müssen, in den *zones d'attente* unserer Flughäfen, wie in manchen Peripherien unserer Städte.« (HS 185)

Viel Ärger und viel Lob hat sich Agamben eingehandelt, als er unter skandalträchtigem Verweis auf die Tätowierung von KZ-Häftlingen im Frühjahr 2004 eine Gastprofessur an der New York University nicht antrat, weil er sich exemplarisch und öffentlich der von den USA nach den Terroranschlägen am 11. September 2001 von allen Einreisenden verlangten Abnahme eines Fingerabdrucks verweigerte (wer im Besitz einer *green card* ist, hat ihn längst hinterlegt). Erst durch die Artikel, die Agamben in der *FAZ* und in *Le Monde* veröffentlichte, erfuhr die Universität von seinem Entschluss.[90] Ihm einen direkten Vergleich zwischen der Immigrationszone des New Yorker Kennedy-Flughafens und einem Konzentrationslager zu unterstellen ist offensichtlich verfehlt. Schockiert könnte man sich aber darüber zeigen, dass wir uns an biopolitische Interventionen im Alltag offenbar schon so sehr gewöhnt haben, dass es der Auschwitz-Insinuation bedarf, um die Lethargie zu unterbrechen. Was in solchen Räumen geschieht, ist nicht mehr rechtlich abgesichert, sondern hängt »von der Zivilität und dem ethischen Sinn der Polizei« ab, die vorübergehend in solchen Räumen als Souverän agiert. (HS 184)

An diesem Punkt stellt sich die Grundfrage nach möglichen Wegen aus dem Dilemma mit erneuter Dringlichkeit: Bedarf es mehr Rechte und anderer Gesetze, um das Mögliche nicht der Kontingenz auszuliefern, oder bedarf es einer anarchischen Revolte gegen jedwede Verrechtlichung, weil der rechtliche Schutz der Person immer auch das Gegenteil einschließen kann? Dass Agamben auf diese Frage nur sehr gespaltene und vorläufige Antworten hat, gereicht ihm zum Vorteil. Man braucht bloß an die in Frankreich, Deutschland und der Türkei unterschiedlich verlaufenden Debatten über das Tragen von Kopftüchern muslimischer Frauen in staatlichen Institutionen zu denken, um zu ermessen, wie schwierig die Lage ist. Eines hat Agamben zu diesen und ähnlichen Diskussionen allerdings gewiss beizutragen. Seine Forschungen zeigen, dass es dabei nicht vorrangig um einen Konflikt zwischen Recht und Religion geht, sondern um die Politisierung von Lebensformen. Das fängt bei Kopftüchern an und hört beim Gendiagnostik-Gesetz längst nicht auf.

6. Wege aus der Souveränität

a) ›Lebensform‹

Die Einrichtung der Lager markiert also einen Wendepunkt und Paradigmenwechsel im historischen Prozess, dem das Verhältnis von Recht und (bloßem) Leben unterliegt. Deren latente Ununterscheidbarkeit wird im Lager manifest. Die Erkenntnis der zugrunde liegenden Struktur hängt für Agamben an dem singulären Fall der NS-Vernichtungslager, insofern dort wirklich geschehen ist, was mit der Einräumung von Lagern möglich geworden war und in Lagern weiterhin möglich bleibt. Weil Auschwitz für Agamben in dieser Hinsicht eine Art Chiffre darstellt, glaubt er sich genötigt (und berechtigt), auch die Geschichte vor und nach Auschwitz im Licht der Struktur zu sehen, die sich in Auschwitz enthüllt haben soll. Konsequent beschließt er seine Studie zum *homo sacer* mit einer Serie ganz verschiedener Lebensformen aus unterschiedlichen Zeiten vor und nach Auschwitz. Gemeinsam ist ihnen allen, dass die Grenze zwischen bloßem Leben und politisch-rechtlichem Leben unter einem Gesetz, zwischen *zoe* und *bios*, zwischen Privatem und Öffentlichem nicht auszumachen ist. Da ist zunächst das Leben des *flamen Dialis*, im antiken Rom der Priester des höchsten Gottes. Jedes »Detail seines Lebens, seiner Art, sich zu kleiden oder zu gehen« (HS 191), hat eine genaue kultische Bedeutung. »Es ist nicht möglich, im Leben des *flamen Dialis* so etwas wie ein nacktes Leben abzusondern; seine ganze *zoé* ist *bíos* geworden.« (HS 192) Der Wissenschaftler, der seinen eigenen Körper zum Experimentierfeld gemacht hat, gehört ebenso in diese Reihe wie der *homo sacer*, der nichts hat als sein nacktes Leben, das dem Gesetz restlos ausgeliefert ist, weil jeder ihn töten kann. Aber auch in der Person Hitlers fallen *bios* und *zoe* zusammen, sofern sein Leben die politische Form des deutschen Volkes ist und seine Stimme unmittelbar Gesetz. Die gespenstische Figur des Lagerhäftlings, der im KZ-Jargon so genannte ›Muselmann‹, der den Biss der Kälte nicht mehr vom Tritt eines Soldaten zu unterscheiden vermag und auch als »lebender Leichnam« bezeichnet wurde, entzieht sich der Unterscheidung zwischen *bios* und *zoe* ebenso wie die junge Amerikanerin, deren an Reanimationsmaschinen angeschlossener Körper je nach Rechtslage zwischen Leben und Tod schwankt.

Die bizarre Reihe soll die Omnipräsenz der Biopolitik sinnfällig demonstrieren. Was Agamben als herrschendes Paradigma erkannt haben will, macht nicht halt vor den Unterschieden, die man zwischen einem Wissenschaftler, der freiwillig seinen Körper zu medizinischen Untersuchungen bereitstellt, und einem gefolterten KZ-Häftling gern gewahrt wissen möchte. Agambens provokanter Punkt: Seit der Einrichtung der Lager kommen alle Versuche, *bios* und *zoe*, Gesetz und Leben, öffentliche und private Existenz auseinander zu halten, hoffnungslos zu spät. Ihre vermeintliche Restaurierung im Namen von Menschenwürde und Willensfreiheit würde nur neue Ununterscheidbarkeiten produzieren, die ihrerseits wieder neue Definitionen erforderlich machen würden und so weiter ad finitum, d.h. bis zu dem, was Agamben an einer Stelle »eine beispiellose biopolitische Katastrophe« (HS 198) nennt. Dass die Berufung auf alte Unterscheidungen allem Anschein nach tatsächlich zum

Scheitern verurteilt ist, beweisen u.a. die Versuche, des internationalen Flüchtlingsproblems und anderer Krisen mit Hilfe der Differenzierung zwischen humanitären und politischen Interventionen Herr zu werden. Wer traut sich schon anzugeben, wo das Humane aufhört und die Politik beginnt?

Den Verfall solcher Unterscheidungen, insbesondere derjenigen zwischen dem Privaten und dem Politischen, haben auch andere diagnostiziert. Unheimlich mutet es an, dass sich die Studentenbewegung die Erosion dieser Differenz auf ihre politischen Fahnen geschrieben hat. Als man 1968 verkündete: ›Das Private *ist* das Politische‹, hat wohl kaum einer daran gedacht, dass 1967 das erste Lebewesen geklont wurde. Eine andere Position vertraten Leo Strauss und Hannah Arendt, die den Verfall des Politikbegriffs in der Moderne erkannten. Beide haben versucht, den antiken Politikbegriff mit seiner strikten Trennung zwischen *Polis*-Belangen und *Oikos*-Belangen zu rehabilitieren. Dem räumt Agamben realistischerweise jedoch keine Chance ein.

Nichtsdestotrotz gibt es im Umkreis der Homo-Sacer-Studien immer wieder Hinweise auf eine »neue Politik« (HS 196) oder eine »kommende Politik«[91], die freilich »im wesentlichen noch zu erfinden« (HS 21) sei. An einer Stelle wird sie so beschrieben: »Vielmehr muß man aus dem biopolitischen Körper, aus dem nackten Leben selbst den Ort machen, an dem sich eine gänzlich in nacktes Leben umgesetzte Lebensform herausbildet und ansiedelt, ein *bíos*, der nur seine *zoé* ist.« (HS 197) Auch im Eingang seines ersten Buchs zum *homo sacer* deutet Agamben an, dass sich die Probleme und Rätsel des 20. Jahrhunderts nur auf dem »Boden – demjenigen der Biopolitik – lösen können, auf dem sie gewachsen sind« (HS 14). Dass er damit nicht die Utopie eines neuen Körpergefühls meint, von dem der späte Foucault bisweilen raunte, »in dem eine andere Ökonomie der Lüste und der Lebensfunktionen die Verflechtung von *bíos* und *zoé* ein für allemal löst«, formuliert Agamben explizit (HS 197). Was er aber stattdessen unter einer ›neuen Politik‹ versteht, leider nicht. Eine verbindliche Erklärung kann deshalb nicht geleistet werden, aber es können immerhin einige mögliche Lesarten erprobt werden.

Da ist zunächst der erhebliche Schockeffekt der soeben zitierten Sätze, sofern sie suggerieren, dass die fatalen Konsequenzen der Biopolitik ihrerseits nur biopolitisch lösbar seien. Man wird Agamben folglich dieselbe vermeintlich pro-eugenische Haltung unterstellen wollen, deren Peter Sloterdijk in einer Feuilleton-Debatte anlässlich seines Essays *Regeln für den Menschenpark* verdächtigt wurde.[92] Was immer von Sloterdijks Spekulationen zu halten ist, für eugenische Methoden plädiert er so wenig wie Agamben. Beide wollen (mit rhetorischen Verfahren, über die man streiten kann) die Einsicht forcieren, dass wir längst Dinge praktizieren, vor deren Faktizität man lieber die Augen schließt.

Eine andere Deutungsmöglichkeit der ›neuen Politik‹ ergibt sich, wenn man sich von dem schieren Einerlei der Ununterscheidbarkeit, das die bizarre Beispielserie vom *flamen Dialis* bis Hitler zu kennzeichnen scheint, nicht zu der Annahme verleiten lässt, es gäbe da keine Unterschiede. Für »ein *bíos*, der nur seine *zoé* ist« (HS 197) kommt eigentlich nur eine der Figuren in Frage, nämlich der *homo sacer* und seine Inkarnationen: der Muselmann, die Verbannten, Geächteten, Recht- und Staatenlosen. Ihr Leben ist durch und durch politisch, weil es nichts als der Tötbarkeit ausgelieferte *zoe* ist. Tatsächlich neigt Agamben gelegentlich dazu, Flüchtlinge und Staatenlose zu Protagonisten einer ›neuen Politik‹ zu stilisieren. Diese von protochristlichen Zügen gezeichnete Tendenz mag man als Sozialromantik ablehnen.[93] Aber Agamben hat aus seiner Position bisweilen auch sehr handfeste Konsequenzen gezogen. In einem Text, der auf den Tag der Vertreibung von 425 Palästinensern aus Israel datiert ist, hat er den zuerst von israelischen Intellektuellen formulierten Vorschlag aufgenommen, den Konflikt zwischen Palästinensern und Israel so zu lösen, dass das umstrittene Jerusalem ohne territoriale Aufteilung zur doppelten Hauptstadt wird. »Anstatt zweier, durch umstrittene und drohende Grenzen voneinander getrennter nationaler Staaten ließen sich auch zwei politische Gemeinschaften vorstellen, die auf ein und demselben Gebiet bestehen, im Exodus die eine in der anderen, über eine Reihe wechselseitiger Extraterritorialitäten ineinander verschränkt. Deren Leitbegriff wäre nicht mehr das *ius* des Bürgers, sondern das *refugium* des Einzelnen.«[94] Das wäre dann eine Art Restauration des antiken Asylrechts in modernen Städten.

Von den Durchsetzungschancen dieser Idee abgesehen, sind derart konkrete Vorschläge eher selten. Wenn es um Alternativen zum fatalen souveränen Bann, um die Konturen einer ›neuen Politik‹ geht, dominieren bei Agamben andere Tendenzen. Eine sich deutlich abzeichnende und insbesondere in der Agamben-Rezeption der Nachfolgegruppen der 68er-Situationisten kultivierte Spur führt auf quasi-anarchistische Affinitäten, wie sie z.B. in dem manifestartigen Text über Guy Debord zu finden sind.[95]

Aber es gibt mindestens eine Stelle im ersten Homo-Sacer-Buch, wo Agamben gerade umgekehrt für eine radikale Verrechtlichung zu plädieren scheint, deren Prototyp der römische *flamen Dialis* wäre: »Im wirklichen Ausnahmezustand tritt dem Gesetz, das sich im Unbestimmten des Lebens verliert, jedoch ein Leben entgegen, das sich in einer symmetrischen, aber umgekehrten Bewegung vollständig in Gesetz verwandelt.« (HS 66) Erst an diesem Punkt höben die beiden Glieder, welche die Bann-Beziehung unterschied und zusammenhielt (das nackte Leben und die Gesetzesform), einander auf und träten in eine neue Dimension ein. Das meint wohl den ›wirklichen‹ im Unterschied zum ›virtuellen‹ Ausnahmezustand, bleibt aber trotz entsprechender Erläuterungen im Rahmen der Paulus-Exegese (vgl. Kapitel IV 2d) einigermaßen kryptisch.

Etwas mehr Licht ins Dunkel der weitgehend düsteren Alternativen zum ›souveränen Bann‹ im Zeichen moderner Biopolitik zu bringen verspricht der freilich auch schillernde und mehrdeutige Begriff der ›Lebensform‹ (*forma-di-vita*). Er kommt regelmäßig dort zum Zuge, wo es um Auswege aus den Aporien der bisherigen Politik geht (vgl. HS 198). Gewiss nicht gemeint ist mit diesem Begriff, was er zunächst nahe zu legen scheint: die Identitätenpolitik partikularer Minderheiten. Eine solche Politik reproduziert in Agambens Augen die ältere Unterscheidung zwischen Mensch und Staatsbürger, die bloß um eine potentiell endlose Reihe von Identitäten vermehrt wird wie »Wähler, Lohnempfänger, Journalist, Student, aber auch HIV-Positiver, Transvestit, Porno-Star, Rentner, Eltern, Frau«[96]. Es muss also bei der emphatisch hervorgehobenen Lebensform um etwas anderes gehen, das sich fundamental von ›lifestyles‹ unterscheidet, die dann juridisch-politisch als ›Identitäten‹ kodifiziert werden und so aus »ihrem Zusammenhalt in einer Lebens-Form gelöst werden«[97].

Unter Lebensform versteht Agamben vielmehr ein Leben, in dem sich kein nacktes Leben absondern lässt, das in diese oder jene Beziehung zu einer besonderen Form der politischen oder philosophischen Existenz treten würde. Der Begriff der Lebensform konzipiert also als vorgängige Einheit, was immer wieder in (Gesetzes-)Form und formloses (nacktes) Leben zerteilt wurde. Wenn mit dem Ausdruck Lebensform eine ursprüngliche, aber in Scheidungen und Entscheidungen verloren gegangene Einheit gemeint sein sollte, dann gibt es immer noch gute Gründe, dieses Konzept unter Romantikverdacht zu stellen. Manchmal scheint es tatsächlich so, als sehne Agamben einen Zustand der

Ganzheit oder Einheit zurück oder herbei, in dem nacktes Leben und seine Form ebenso wenig geschieden wären wie Individuum und Gesellschaft, Körper und Geist. »Der Mensch ist keine Dualität von Geist und Körper, Natur und Politik.« Aber rasch fügt er hinzu, dass der Mensch doch auch nicht eine Einheit sei, sondern dass er sich »entschieden in der *Ununterschiedenheit*« (HS 162, Hervorh. E.G.) situiere.[98] Den Vorwurf, ein romantisches Ursprungsphantasma zu bedienen, das uns von der Logik des Banns erlösen soll, die sich als Verfallsgeschichte europäischer Politik präsentiert, kann man Agamben folglich so leicht nicht machen, denn Unentschiedenheit ist – man darf hinzufügen: entschieden – etwas anderes als *Ununterschiedenheit* einerseits, aber auch etwas anderes als substantielle *Einheit* andererseits.[99]

Überdies darf man nicht übersehen, dass Lebensform als ›neue Politik‹ für Agamben auch ein neues Verständnis der Konstitution von Gemeinschaften impliziert. Diese gemeinschaftstheoretische Dimension ist im Ausdruck Lebensform schon begriffsgeschichtlich angelegt. Der seit dem 19. Jahrhundert (Wilhelm Dilthey, Eduard Spranger, später auch Ludwig Wittgenstein und Karl Jaspers) philosophisch geläufige Terminus findet sich stets dort ein, wo es um das Verhältnis des Individuums zu einer Form von Gemeinschaft geht, genauer: am Übergang (oder in Agambens Terminologie: auf der ›Schwelle‹) zwischen individueller und kollektiver Existenz. Auch bei Agamben gehört ›Lebensform‹ in diesen Kontext. Der durchgängig singularisch verwendete Ausdruck ›Lebensform‹ impliziert bei ihm eine Form von Gemeinschaft, die nicht auf einer vorangegangenen Unterscheidung zwischen Individuum auf der einen und Kollektiv auf der anderen Seite basiert, sondern diesen Dualismus unterläuft, ohne deshalb zu einer ›Einheit‹ überzulaufen.

Um diese Vorstellung von einer Gemeinschaft ohne gemeinsame Substanz zu verstehen, hat man sich zu vergegenwärtigen, dass Agamben von einer ›neuen Politik‹ behauptet, sie müsse sich des Gebrauchs der Kategorie der ›Beziehung‹ vollends entschlagen: »Eine Kritik des Banns muß also notwendigerweise die Beziehungsform selbst zum Problem erheben und fragen, ob das Politische nicht vielleicht jenseits der Beziehung [...] gedacht werden muß.« (HS 40) Eine solche Form von Gemeinschaft wäre eine Gemeinschaft ohne Substrat, ohne geteilte Substanz, welche durch die Beziehungen der Mitglieder gestiftet, hergestellt oder ausgedrückt würde. Die Gemeinschaft besteht folglich im Fehlen, im Ausbleiben einer geteilten Substanz.[100] Hier kreuzen sich Agambens gemeinschaftstheoretische Reflexionen unmittelbar mit seiner ontologischen Uminterpretation der aristotelischen Möglichkeit (vgl. Kapitel III). In einem Text mit dem Titel »Lebens-Form« wird diese nämlich definiert als »ein Leben, in dem die einzelnen Akte und Prozesse des Lebens niemals einfach Fakten sind, sondern immer und vor allem Möglichkeiten des Lebens, immer und vor allem potentielles Sein«[101]. Gemäß der Behauptung, dass Potenz keine logische, sondern eine ontologische Kategorie sei, muss der Möglichkeit eine unabhängige Existenz zugesprochen werden, die sich im Übergang zu einer Verwirklichung nicht erschöpft, »also ein Leben, in dem es, so wie es gelebt wird, um das Leben selbst, ein Leben der Möglichkeit geht«[102]. Agambens Aristoteles-Interpretation hat gezeigt, dass das Leben von Möglichkeiten immer auch die Erfahrung der Möglichkeit einschließt, etwas nicht zu tun oder zu sein, also die Erfahrung eines Unvermögens und einer Ohnmacht. Ein Erfahrungsbereich (und eine Lebensform), die für Agamben ein so verstandenes Potential bergen, ist das Denken: »Damit meinen wir nicht den individuellen Gebrauch eines Organs oder einer psychischen Fähigkeit, sondern eine Erfahrung, ein *experimentum*, das den potentiellen Charakter des Lebens und der menschlichen Intelligenz zum Gegenstand hat. Denken heißt [...] in jedem Gedachten das reine Denkvermögen zu erfahren.«[103] In der Lebensform des Denkens liegt für Agamben die Möglichkeit einer nicht staatlich-rechtlich organisierten Gemeinschaft beschlossen, die den Bann gelöst hätte.[104]

Dass wir deshalb nicht alle Philosophen zu werden brauchen, dafür sorgt Agamben an einer denkwürdigen Stelle durch den Rekurs auf ein spätmittelalterliches Modell (den so genannten Averroismus), das einen Intellekt postuliert, »der allen Menschen gemeinsam ist«, dessen Entfaltung jedoch der Vielfalt bedarf, von der in Dantes Traktat über die Monarchie die Rede ist. Aus diesem Text zitiert Agamben folgenden Satz: »Und weil die Möglichkeit des menschlichen Intellektes nicht vollständig durch einen einzigen Menschen oder durch eine einzige, gesonderte Gemeinschaft auf einmal in die Wirklichkeit übergeführt werden kann, so ist es nötig, daß eine Vielheit im Menschengeschlecht sei, durch welche sich denn dieses ganze Vermögen verwirkliche.«[105] Mit diesem Zitat greift Agambens an der Dekonstruktion des humanistischen Menschenbegriffs bei Heidegger und Foucault geschultes Denken unerwartet auf Aby Warburgs Renaissance zurück und bekennt sich – als Humanismus. An dieser einen Stelle zumindest gibt sich als Kern von Agambens Menschenbegriff einmal nicht das Fehlen oder Ausbleiben einer Definition des Menschen zu erkennen, sondern ein unerschütterliches Urvertrauen in den vielfältigen, aber doch *einen* Intellekt. Man kann fragen, ob denn diese Position nicht nur angesichts der biopolitischen, sondern auch angesichts der mit ihr eng verbundenen medialen Veränderungen und technologischen Entwicklungen bereits überholt ist. Medientheoretisch scheint Agamben jedenfalls nicht viel weiter als bis zu Debords Kritik an der modernen Konsum- und Spektakelgesellschaft gekommen zu sein.[106]

Der Begriff der Lebensform zeugt aber noch von einem anderen Erbe. Im 18. Jahrhundert wurde der Formbegriff für die Ästhetik reserviert, als deren Geschäft lange die Trennung und Zusammenführung von Form und Inhalt galt. In einem Interview bezieht sich Agamben auf Lebensform auch als »ein Kunstwerk, ohne Autor«[107]. Dass an den Rändern des Begriffs der Lebensform in äußerster Verhaltenheit so etwas wie Kunst dämmert, kann nicht überraschen. Schließlich stand im Zentrum von Agambens Publikationen der 70er und 80er Jahre die Auseinandersetzung mit der Ästhetik und die Suche nach einem alternativen Verständnis der Bedeutung der Kunst für den Menschen. Genealogisch betrachtet, entspringt seine im Zeichen der Souveränitätsproblematik politisierte Suche nach Denkmodellen jenseits von Identität (Einheit oder auch: Ununterscheidbarkeit) und Differenz (Unterscheidung, Trennung) diesem Anliegen. Die explizit politische Verortung der Lebensform im Rahmen des Homo-Sacer-Projekts hat den älteren Vorstudien im Bereich von Kunst und Ästhetik allerdings eines voraus. Hier sind die romantischen Reste des Phantasmas einer verloren gegangenen und wiederzufindenden Ureinheit weitgehend getilgt, das vor allem in *Der Mann ohne Inhalt* gelegentlich noch herrschte.

Eine sehr plausible Deutung der rätselhaften und vieldeutigen ›Lebensform‹ hat Clemens Pornschlegel vorgeschlagen.[108] Er bezieht sie auf die Ordensregel der franziskanischen Mönche[109], die durch ihren Verzicht auf Geld und Eigentum mit der Kirche in Konflikt gerieten und einen nicht rechtlich kodifizierten Gebrauch der Dinge vertraten (*usus facti*). Wie vielversprechend diese Perspektive ist, bestätigt Agamben indirekt in seinem Aufsatz »Lob der Profanierung«, der mit anderen Essays unter dem Titel *Profanierungen* 2005 auf Italienisch und Deutsch erschien. Dort referiert er an einer Stelle die Argumente, die Papst Johannes XXII. im 13. Jahrhundert gegen den Franziskanerorden mit seiner Forderung nach höchster Armut geltend gemacht hatte. Der Papst befand, dass es einen vom Eigentum abgekoppelten Gebrauch nicht geben könne, da jene Dinge, ohne die auch Franziskaner nicht leben können und deren Gebrauch sie einklagten (wie z.B. Kleidung, Nahrung, Werkzeuge) nicht gebraucht, sondern verbraucht und somit vernichtet würden (*abusus*). Gebrauchen aber, so argumentierte der Papst weiter, setze stets die Unversehrtheit der Substanz voraus, die gebraucht wird. Den Akt des Gebrauchs also, auf den sich die Franziskaner beriefen, gäbe es »von Natur aus nicht« (PR 80). Agamben beschließt sein Referat mit dem Hinweis: »Auf diese Weise liefert Johannes XXII. mit einer unbewußten Prophezeiung das Paradigma einer Unmöglichkeit des Benutzens, das viele Jahrhunderte später in der Konsumgesellschaft zur Erfüllung kommen sollte.« (PR 81) Die kapitalistische Gesellschaft zeichnet sich dadurch aus, dass alles nur mehr verbraucht, also konsumiert, und nichts mehr nur benutzt oder gebraucht werden kann. Aber Agamben weist auf das Spiel als eine Sphäre hin, in der ein Gebrauchen der Dinge statthat, das »nicht mit dem utilitaristischen Konsum zusammenfällt« (PR 73). In ihr werden die Dinge einerseits unwirksam gemacht und andererseits in neue Deutungszusammenhänge gestellt.

Der Argumentationsgang dieses Textes ist allerdings zu komplex, um das Spiel unmittelbar mit dem Problem der Lebensform in den Studien zum *homo sacer* kurzzuschließen. Da Agambens Diskussion der Profanisierung außerdem keinen ausgesprochen souveränitätstheoretischen, sondern eher einen kapitalismuskritischen Hintergrund hat, wird sie erst am Schluss dieser Einführung im Zusammenhang mit seinen Überlegungen zur Ökonomie ausführlicher dargestellt (vgl. Kapitel V). Stattdessen sollen im folgenden Abschnitt einige Züge des möglichen Subjekts einer nicht mehr souveränen Politik anhand des Paulus-Buches nachgezeichnet werden. Sie könnten Agamben einerseits vom

Vorwurf sozialromantischer Privilegierung bestimmter Typen wie etwa Flüchtlinge oder Staatenlose entlasten, haben aber andererseits den Nachteil eines sehr hohen Abstraktionsgrades. Und diese Ausführungen zum Rest als Subjekt der Politik sind auch nicht weniger anspielungsreich als Agambens Äußerungen zur Lebensform.[110]

Ausführlicher, aber nicht unbedingt überzeugender hat er seine Vorstellungen vom ›Aggregatzustand Mensch‹ in dem Buch *Was von Auschwitz bleibt. Das Archiv und der Zeuge* (= *Homo sacer* III) entwickelt, das abschließend vorgestellt wird.

b) Der Rest

In *Die Zeit, die bleibt* macht Agamben an einer Stelle das politische Interesse seiner Paulus-Lektüre namhaft: »Wenn ich ein unmittelbar aktuelles politisches Vermächtnis in den Briefen des Paulus angeben müßte, so glaube ich, daß sein Konzept des Rests nicht fehlen dürfte. Es erlaubt im besonderen, unsere antiquierten und vielleicht unverzichtbaren Begriffe von Volk und Demokratie aus einer neuen Perspektive heraus zu überdenken.« (Z 70) Unter pointierter Anspielung auf Marx' Diktum über das Proletariat wird der Rest sogar als »das einzige reale politische Subjekt« (ebd.) bezeichnet.

Agamben entwickelt die paulinische Theorie des Rests im dritten Kapitel seines Paulus-Buches, das dem Wort *aphorismos* gewidmet ist, welches ›ausgesondert‹ (lat. *segregatus*) bedeutet. Dass Paulus sich selbst als ausgesondert bezeichnet, befremdet zunächst, denn er verkündet ja das Ende aller Trennungen, Aussonderungen und Unterschiede. Allerdings war Paulus auch schon vor der Zeit seiner Bekehrung ein Ausgesonderter, denn er war Pharisäer gewesen, also einer Gruppe von Juden zugehörig, »die sich zur Abgrenzung von der Masse« und »dazu verpflichteten, die Regeln der priesterlichen Reinheit skrupulös einzuhalten« (Z 57). Agambens Deutung behauptet nun, dass Paulus mit der Selbstbeschreibung als ›ausgesondert‹ seine Vergangenheit als Pharisäer ironisch aufnimmt, um diese ehemalige Aussonderung im Namen einer anderen Aussonderung zu kreuzen, ohne sie einfach zu negieren. Damit ist das Modell vorgegeben, nach dem Agamben den scheinbaren paulinischen Selbstwiderspruch zwischen Ungültigkeit und Wahrung des alten Gesetzes auflöst. Mit der Aussonderung der Aussonderung bzw. der Teilung der Teilung entsteht jener Rest, auf den es Agamben ankommt. Aber was heißt Teilung der Teilung, und wieso produziert sie einen Rest?

Mit symmetrischen Teilungen wie Juden vs. Nichtjuden, Beschnittene vs. Nichtbeschnittene kann man die ganze Menschheit in zwei Gruppen aufteilen, ohne dass ein Rest bleibt. Paulus negiert diese Unterscheidung nicht, aber er ergänzt sie um eine andere. Die neue Unterscheidung lautet: dem Fleische (*sarx*) nach vs. dem Geist oder Hauch (*pneuma*) nach. Dadurch gibt es nun sichtbare (also beschnittene) Juden (nach dem Fleisch) und unsichtbare (nicht beschnittene) Juden (nach dem Hauch): »Diese Teilung fällt nicht mit derjenigen zwischen Juden und Nichtjuden zusammen, ist ihr aber auch nicht äußerlich: Vielmehr zerschneidet sie die Teilung selbst.« (Z 62) Das bedeutet aber, dass es immer Juden geben wird, die Nichtjuden sind und Nichtjuden, die nicht Nichtjuden sind. In erkenntnistheoretischer Perspektive geht es also darum, »die zweipolige Einteilung Juden/Nichtjuden zu überschreiten, um auf diesem Weg zu einer neuen Logik vorzudringen, einer Art intuitionistischen Logik wie etwa derjenigen, die Cusanus [...] einführt und die über die Opposition A/Nicht-A hinausgeht und ein Drittes zuläßt, das die Form einer doppelten Negation annimmt: nicht Nicht-A« (Z 63). Die Identität der Mitglieder der messianischen Gemeinschaft besteht in nichts anderem als der Unmöglichkeit, »mit sich selbst zusammenzufallen, sie sind eher so etwas wie ein Rest zwischen einem Volk und sich selbst, zwischen jeder Identität und sich selbst« (Z 64). Auf dem Hintergrund der Theorie des Rests ist jede Identität konstitutiv von sich selbst abgespalten, weil sie einen Überschuss produziert, der sie von sich selbst trennt.[111] Strukturell gesehen ist bei der Teilung also dieselbe Logik am Werk wie bei der messianischen Zeit, deren ›operative‹ Zeitlichkeit von der ›Bildzeit‹ als uneinholbarer Überschuss mitproduziert wird.

Diesen Rest möchte Agamben an die Stelle des Volkes setzen, das in Demokratien als das Subjekt politischen Handelns gilt. Dazu fühlt er sich ermutigt, weil Paulus sich mit seinen Ausführungen über den Rest, der »gemäß der Gnade zustande gekommen« sei (Röm. 11, 5), auf einen Topos aus den prophetischen Büchern zurückbezieht, der das auserwählte Volk Israels und den Rest betrifft. Insbesondere bei Jesaja gibt es eine rätselhafte und von christlichen wie jüdischen Exegeten vielfach diskutierte Stelle, in der Gott sich an das ganze Volk Israel wendet, um ihm zu verkünden, daß nur »ein Rest« gerettet werden wird: »Denn wenn dein Volk, o Israel, würde wie der Sand des Meeres: nur ein Rest davon wird umkehren; Vertilgung ist beschlossen.« (Jesa. 10, 22) Nahe liegende Interpretationen, die entweder den Rest als zählbar übrig bleibende Menge deuten oder ihn mit dem auserwählten Volk insgesamt identifizieren, weist Agamben zurück, um den Rest als Unmöglichkeit der Identität dieses und, weitergehend, eines jeden Volkes zu begreifen. In dieser Eigenschaft ist der Rest nicht Gegenstand einer Rettung, sondern deren Instrument, Motor einer »soteriologische[n] Maschine« (Z 69). Allerdings bleibt vom so verstandenen Rest mehr als ein Rest im Dunkel. Etwas erhellen könnten es die Ausführungen von Gilles Deleuze zum Begriff des Volks, die vermutlich in Agambens Deutung eingegangen sind.[112]

c) Das Zeugnis

Dem Dogma von der ›Heiligkeit des Lebens‹ galt Agambens erstes Homo-Sacer-Buch. *Was von Auschwitz bleibt. Das Archiv und der Zeuge* setzt das Projekt in Form einer Auseinandersetzung mit dem Topos von der ›Würde des Todes‹ fort. War mit dem *homo sacer* im ersten Buch »die Verwechslung eines juridisch-politischen Phänomens [...] mit einem genuin religiösen« (HS 95) aufzudecken, so geht es nun um die »Vermengung ethischer und juristischer Kategorien« (A 21). Ungeachtet dieser und anderer Symmetrien sind die Bücher sehr unterschiedlich. Das montierende Verfahren ist in *Was von Auschwitz bleibt* derart beherrschend, dass sich Agambens Ausführungen auf einen fortlaufenden Kommentar zu schon vorhandenen Zeugnissen KZ-Überlebender (vor allem von Primo Levi) beschränken. Zudem erkundet er hier, anders als mit der Figur des *homo sacer* im ersten Buch, nicht Neuland, sondern betritt sowohl hinsichtlich der Thematik der Zeugenschaft als auch mit der Fokussierung auf Auschwitz ein vielfältig erforschtes, politisch und ideologisch überdeterminiertes Gebiet. Nicht leichter macht er es seinen Lesern mit dem Anspruch, eine ›neue Ethik‹ nach Auschwitz begründen zu wollen. Sollte ›Lebensform‹ das Zentrum einer neuen Politik abgeben, so scheint der Primat der Politik nun abgelöst von dem der Ethik. Den von vielen KZ-Überlebenden beschriebenen Typus des ›Muselmanns‹ betrachtet Agamben als die »Schwelle einer Ethik, einer Lebensform, die dort beginnt, wo die Würde endet« (A 60).

Vielleicht glaubte Agamben nach der Abfassung des ersten Homo-Sacer-Buchs den hoffnungslos verstrickten Politikbegriff ganz preisgeben zu müssen. Aber es ist auch nicht zu übersehen, dass sich seine Wendung zur Ethik vor dem Hintergrund der wachsenden Popularität dieser Thematik vollzieht. Von der Diskursethik (Karl-Otto Apel, Jürgen Habermas) bis zu Judith Butler bemüht man sich seit einiger Zeit um eine ›neue Ethik‹.[113] Agamben spart denn auch nicht mit aggressiver Polemik. Sie gilt einerseits der Diskursethik und andererseits den Theoretikern der Zeugenschaft, die im Umkreis des an Yale 1989 eingerichteten Videoarchivs der Zeugenaussagen Shoa-Überlebender anzutreffen sind.[114] Weder scheut er vor Geschmacklosigkeiten zurück (wie dem ›Gedankenexperiment‹, den Philosophen Apel ins Lager zu versetzen, um seine Theorie zu widerlegen, vgl. A 57), noch vor überspitzten Analogisierungen – wie der Behauptung, dass das Fußballspiel zwischen einer Mannschaft der SS und den Sonderkommandos in Auschwitz »sich in jedem Spiel in unseren Fußballstadien wiederholt« (A 23). Davon abgesehen scheinen in *Was von Auschwitz bleibt* die Möglichkeiten von Agambens Verfahren insgesamt überreizt worden zu sein; der kontrastiven Gegenüberstellung der Zeugenaussagen mit zahllosen Theoretikern (Benveniste, Foucault, Lévinas u.v.a.) mangelt es an Stringenz. Statt Verdichtung zu erzielen, macht sich der Eindruck des Assoziativen breit.

Mindestens in einer Hinsicht jedoch ist Agambens Wendung zu Auschwitz konsequent und zwingend. Seine These vom »Lager als *nómos* der Moderne« ist an die spezifische Ausprägung des Paradigmas im nationalsozialistischen Konzentrationslager gebunden, weil sich nur hier das Paradigma überhaupt als ein solches und mit ihm das ›Geheimnis der Biopolitik‹ enthüllt habe. Deshalb bezeichnet Agamben das nationalsozialistische KZ auch als ›Chiffre‹. Wenn der ›Muselmann‹, der zwischen Leben und Tod schwankt und dem jede Würde abhanden gekommen ist, die extremste Form des bloßen Lebens, der biopolitischen Substanz ist, dann ist diese Inkarnation des *homo sacer* der Prüfstein nicht nur einer jeden Ethik, sondern vor allem auch der Prüfstein von Agambens befremdlicher Behauptung, der Ort der Biopolitik sei selbst zum Zentrum einer neuen Lebensform zu machen.

Entscheidend für eine neue Ethik ist in Agambens Sicht vor allem, dass sie sich von allen juridischen Begriffen löst. Deshalb greift er weit hinter die Begründung der modernen Ethik bei Kant zurück, um ihr antikes Verständnis als Lehre vom guten Leben zu rehabilitieren.[115] »Die Ethik ist aber die Sphäre, die weder Schuld noch Verantwortung kennt: sie ist [...] die Lehre vom glücklichen Leben. Schuld und Verantwortung zu übernehmen [...] bedeutet, den Bereich der Ethik zu verlassen, um den des Rechts zu betreten.« (A 21) Im Zentrum einer nicht mehr am Recht orientierten Ethik stehen für Agamben der Zeuge und die Zeugenschaft.

Natürlich ist auch und gerade das Begriffsfeld um Zeugen, Zeugenschaft und Zeugnis juridisch überformt, aber nicht so zweifellos juristischen Ursprungs wie Verantwortung, Schuld oder Würde. Das Lateinische verfügt über zwei Wörter, von denen sich der Zeuge im Italienischen (und anderen europäischen Sprachen) ableiten lässt. Neben dem *testis*, der in einem Prozess oder Rechtsstreit als Dritter zwischen die Kontrahenten tritt, gibt es auch den *superstes*, der selbst etwas erlebt hat und davon Zeugnis ablegen möchte. Um diesen Aspekt der Zeugenschaft geht es Agamben.

In den Zeugnissen KZ-Überlebender liegt für ihn (wie für Levi und die meisten Theoretiker dieses Problems) ein Paradox beschlossen. Nicht erst aus darstellungstechnischen – wie beschreibt man Unbeschreibliches? –, sondern aus logischen Gründen ist das Zeugnis der Überlebenden immer ein unvollständiges Zeugnis: weil sie überlebt haben. Das Grauen könnten einzig diejenigen vollständig bezeugen, die nicht überlebt haben, indem sie das Grauen erfuhren. Für Levi wäre der vollständige Zeuge allein der Muselmann: »Über die zu Ende geführte Vernichtung, über das abgeschlossene Werk, hat niemals jemand berichtet, so wie noch nie jemand zurückgekommen ist, um über seinen Tod zu berichten. Die Untergegangenen hätten, auch wenn sie Papier und Bleistift gehabt hätten, niemals Zeugnis abgelegt, weil ihr Tod schon vor der Vernichtung ihres Körpers begonnen hatte.« (Levi, A 30) Für Agamben heißt dies, dass die Überlebenden ein Zeugnis bezeugen, das fehlt. Wovon die Überlebenden mit ihren unvollständigen Zeugnissen also eigentlich Zeugnis ablegen, ist die Unmöglichkeit, Zeugnis abzulegen. Das ist die Struktur des Zeugnisses, auf der Agamben seine Ethik errichten möchte.

Das Unbezeugbare, von dessen Unbezeugbarkeit die unvollständigen Zeugnisse der Überlebenden zeugen, hat einen Namen. Es ist der ›Muselmann‹, jener Typus des KZ-Häftlings, von dem alle übereinstimmend berichten, dass er eigentlich kein Mensch mehr gewesen sei. Levi nennt ihn den »Ort eines Experiments, in dem Moral und Menschlichkeit selbst in Frage gestellt werden« (Levi, A 54). Spricht man dem Muselmann seine Menschlichkeit ab, wiederholt man den Gestus der Nazis. Versucht man ihm eine Würde zuzusprechen (etwa in einer Konstruktion, die ihn zum Opfer umlügt, das anderen ihr Überleben ermöglichte), spottet man seiner Erfahrung und leugnet die Berichte der Überlebenden. Die für Agamben ethisch allein akzeptable Konsequenz besteht deshalb darin, allen Versuchungen, den Menschen über seinen Unterschied vom Nicht-Menschen oder Unmenschen zu definieren, systematisch zu widerstehen. »Wird eine Grenze festgelegt, jenseits deren man aufhört, Mensch zu sein [...] dann ist das offensichtlich kein Beweis für die Unmenschlichkeit der Menschen, sondern für die Unzulänglichkeit und Abstraktion der vorgeschlagenen Grenze.« (A 55) Eine Ethik, die gewisse Menschen – Muselmänner, Hyperkomatöse und Hitler – als Nicht-Menschen qualifiziert, kann keine

Ethik sein. Aus dieser Konsequenz gewinnt Agamben zugleich ein positives Verständnis des Menschen: »Die Menschen sind Menschen, insofern sie Zeugnis ablegen vom Nicht-Menschen.« (A 105) Darin besteht für Agamben, was Benjamin den ›unverrückbaren Aggregatzustand Mensch‹ genannt hatte.

Nietzsche hatte den Menschen ein Tier genannt, das (mühselig und unter Qualen) die Fähigkeit erlernt hat, zu versprechen. Wer etwas verspricht oder gelobt, verpflichtet sich in einer Weise, die der Kontrolle, ja der Elimination von Kontingenzen und der Neutralisierung des Möglichen dient. Der Vertrag ist die Form, die das Versprechen im Rahmen seiner juridischen Kodifikation annimmt, und als solches taucht es in den kontraktuellen Staatstheorien von Hobbes u.a. auf. Diese Modelle finden ihr Echo auch in dem Versprechen des Satzes, der als oberstes Gebot der meisten Ethiken nach Auschwitz gilt: ›Nie wieder Auschwitz!‹ Man könnte sagen, dass Agamben diese an das Versprechen gebundene Ethik ersetzen möchte durch das Zeugnis, in dem das Unmögliche und Kontingente weder eliminiert noch verwaltet wird, sondern in der Lücke spricht, die in Zeugenaussagen stumm klafft.[116]

Damit ist Agambens Buch über Auschwitz keineswegs erschöpft. Die Überführung dieser Ethik des Zeugnisses in eine Theorie von der Struktur des Subjekts anhand des lange von der Ethik ausgeschlossenen Phänomens der Scham wäre ebenso nachzutragen wie die Zuspitzung der sprachphilosophischen Spekulationen im Begriff der Dichtung[117], den das verkappte Hölderlin-Zitat des Titels alludiert (»Was aber bleibet, stiften die Dichter«), oder die im späteren Paulus-Buch deutlicher entfaltete Motivik des Rests (vgl. IV 6b).[118]

Auf ein ausführlicheres Referat des Auschwitz-Buches wird aber auch verzichtet, um stattdessen der Kritik an seiner Konzeption Raum zu geben: Es macht nämlich einen bedeutenden

Unterschied, ob man eine römische Rechtsfigur zum Emblem einer Struktur des Politischen wählt oder ›Muselmänner‹ zum Emblem einer ›neuen Ethik‹.[119] Der Muselmann erscheint als die realisierte Verwirklichung der archaischen römischen Rechtsfigur des *homo sacer* wie das Lager als die faktische Realisierung und Materialisierung des Ausnahmezustands. Ob in Rom wirklich straflos tötbare *homines sacri* herumliefen, war zunächst einmal unerheblich gegenüber der emblematischen Funktion dieser juridischen Figur. Aber wenn Agamben diesen *homo sacer* als den Muselmann identifiziert, dann wird es problematisch. Als Emblem stand der *homo sacer* anonym für virtuelle Tötbarkeit. Die Muselmänner geben sich bei Agamben als die Fleischwerdung des Emblems. Der Muselmann wirkt wie die (katastrophale) Erfüllung der *figura*, die ihre Schatten seit Rom wirft.[120]

Auschwitz und der Muselmann werden also bei Agamben doppelt konturiert. In ihnen koinzidiert punktuell das neue Paradigma der Souveränität (Lager) mit einem historischen Beispiel (Auschwitz), so wie die Figur in der figuralen Interpretation erfüllt und übertroffen wird von ihrer Verwirklichung. Agamben hat gute Gründe, sich der Unterscheidung zwischen prinzipieller Struktur und historischer Rekonstruktion zu verweigern. Aber wenn er Auschwitz und den Muselmann zum Paradigma einer neuen Ethik erhebt, dann blockiert er diese Unterscheidung nicht nur passiv, sondern er identifiziert Struktur und Geschichte aktiv in ein und demselben Ereignis. Dadurch wird Auschwitz zu einer Art Nullpunkt, der die Wende bringen muss und kann.

Dieser und andere Einwände sind allerdings sinnvoller im Rahmen einer kontextualisierenden Rekonstruktion von Agambens entscheidenden Quellen für das Homo-Sacer-Projekt zu formulieren als in Gestalt einer Kritik des Buches *Was von Auschwitz bleibt.* Nicht nur ist die Diskussion um Auschwitz zu komplex und zu überdeterminiert, als dass auch nur das Notwendigste im Rahmen einer Einführung gesagt werden könnte. Es bleibt überdies abzuwarten, was Agamben in den noch ausstehenden Bänden leistet und wie sich das Buch über Auschwitz in deren Licht ausnehmen wird. Überdies wäre es falsch und der Auseinandersetzung kaum förderlich, das Buch über Auschwitz als Schlussstein der Konzeption insgesamt zu betrachten. Agambens intellektuelle Flexibilität und die Heterogenität seines Materials haben immerhin den großen Vorteil, dass man sehr wohl im Einzelnen differenzieren kann und es tun sollte. Dass die kritische Überprüfung der juridischen Dimension ethischer Begrifflichkeit auch ohne den begründenden Rekurs auf Auschwitz möglich ist, hat Nietzsche in seiner *Genealogie der Moral* (1887) unter Beweis gestellt. Es gibt keine theoretischen und auch keine anderen Gründe, die Agamben zwingen würden, seine Kritik gegenwärtiger Ethikkonzeptionen an Auschwitz oder den Muselmann in der Weise zu knüpfen, wie er es in seinem Buch tut.

7. Kritik und Kontexte des Homo-Sacer-Projekts

a) Martin Heidegger

Wie für viele Theoretiker und Philosophen seiner Generation, stellt Heidegger auch für Agamben nicht nur eine Wasserscheide in der Geschichte der abendländischen Philosophie dar, sondern ebensosehr einen Prüfstein für das Verhältnis von Philosophie und Politik. Weil Heidegger zumindest zeitweilig (während seiner Amtszeit als Rektor der Freiburger Universität 1933-34) glaubte, Zeitgeschehen sei Seinsgeschehen, muss Agamben auch Stellung nehmen zu diesem »Skandal der Philosophie des 20. Jahrhunderts« (HS 159)[121]. Die Überzeugungskraft seines eigenen Ansatzes, Biopolitik in Lebensform zu verwandeln, hängt auch davon ab, ob es ihm gelingt, zwischen Heideggers Philosophie und dem Nationalsozialismus, dem dieser sich zeitweilig zugewandt hatte, einen Unterschied zu machen. An den wenigen Stellen, an denen er sich dieser Aufgabe unterzieht, betreibt er zunächst so etwas wie eine Flucht nach vorn. Im Gegenzug zu Heidegger-Apologeten treibt er die Affinitäten zwischen Heideggers Philosophie und dem Nationalsozialismus unerwartet ins Extrem.[122] Dass Heidegger von der Erfahrung der Faktizität ausgeht (d.h. der alltäglich erfahrbaren Unmöglichkeit, zwischen dem Sein und den Seinsweisen zu unterscheiden, da wir uns als lebende Wesen immer schon in einer Situation befinden, von der wir gar nicht abstrahieren können)[123], rückt Agamben in einer kühnen Bewegung in unmittelbare Nähe zur Ununterscheidbarkeit von Recht und Faktum im Konzentrationslager. Die Analogien zwischen Heidegger und dem Nazismus verdichten sich bis zu einem Punkt, der abrupt die Wende markieren soll, wo »der Nazismus und das Denken von Heidegger radikal« (HS 162) divergieren. Der Nazismus, behauptet Agamben, mache das biologische Leben zum Ort permanenter Entscheidungen über Wert oder Unwert dieses oder jenes Lebens. Bei Heidegger aber, der jede Wertephilosophie kategorisch ablehnte, werde der *homo sacer* »untrennbare Einheit von Sein und Seinsweisen, Subjekt und Eigenschaft, Leben und Welt« (HS 162). Dem entscheidenden Unterscheiden der Nazis steht mit Heidegger die Verwandlung des Lebens in eine Einheit gegenüber, »in der es unmöglich ist, so etwas wie ein nacktes Leben abzusondern« (HS 162). Diese Einheit, für die Agamben den Begriff der Lebensform verwendet und die bei Heidegger ›Dasein‹ heißt, entziehe sich »jeder äußerlichen Entscheidung« und müsse sich, so folgert Agamben, deshalb auch der Logik des souveränen Banns entziehen. Von außen, mit Hilfe irgendwelcher Werte oder Maßstäbe, lässt sich die Verwandlung jedenfalls nicht vollziehen. Aber Agamben glaubt, dass sie »selbst die Form einer unwiderruflichen Entscheidung« (HS 162) habe. Weil Agamben die Parallelen zwischen der Fundamentalontologie Heideggers und dem biopolitisch organisierten Nationalsozialismus so sehr forciert hat, kommt diese Unterscheidung etwas plötzlich. Überdies ist die allzu symmetrische Unterscheidung zwischen Trennung hier (Nazis) und Einheit dort (Heideggers ›Dasein‹) einem Dezisionismus verpflichtet, den Agamben andernorts vermeidet.

Eine weitere Stelle zu Heideggers Politik findet sich in *Was von Auschwitz bleibt.* Dort setzt sich Agamben mit einer jener spärlichen Äußerungen des nach 1945 über die jüngste Vergangenheit sonst penetrant schweigenden Heidegger auseinander. Von ihm nämlich stammt die Formulierung über die NS-Lager als Orte der »Fabrikation von Leichen« (A 64). Von der Bedeutung des Todes her (die er in seinem früheren Buch über die Negativität bereits ausführlich analysiert hatte, vgl. Kapitel III) versucht Agamben in diesem Zusammenhang etwas zu skizzieren, was es vielen zufolge nicht gibt: Martin Heideggers Ethik. In unserem Verhältnis zum Sein unterscheidet Heidegger hierarchisch zwischen so genannten ›eigentlichen‹ und ›uneigentlichen‹ Möglichkeiten. Der Tod hatte für ihn noch zur Zeit der Abfassung von *Sein und Zeit* zu den eigentlichsten Möglichkeiten gehört. Denn den Tod erfahren wir als eine ganz bestimmte Möglichkeit vor allem in der Unmöglichkeit, uns zu ihm nicht irgendwie zu verhalten. Noch der Versuch, den eigenen Tod oder den anderer zu ignorieren, ist eine Art, sich zu ihm zu verhalten. Aber Heidegger privilegiert andere Verhaltensformen, etwa die Entschlossenheit. Agamben interpretiert Heideggers Bemerkung nun so, dass dieser die Konsequenz gezogen habe, diese eigentlichste Möglichkeit sei mit der ›Fabrikation von Leichen‹ in den nationalsozialistischen Vernichtungslagern uneigentlich geworden. Das sieht Agamben anders. Wenn, wie Heidegger immer wieder betont habe, vorrangig Grenz- und Ausnahmesituationen Gelegenheit zur Erfahrung und Aneignung des Eigentlichen bieten, dann müsste dies auch und gerade im Lager möglich sein. Deshalb gilt für Agamben: »Auschwitz muß also aus einem anderen Grund aus der Erfahrung des Todes ausgeschlossen sein.« (A 66) Anders als Heidegger möchte er die Konsequenz ziehen, dass der Inhalt des Eigentlichen nichts anderes sei als das von Heidegger denunzierte Uneigentliche. Im KZ sei dagegen umgekehrt die Vorstellung ins Werk und in die Tat umgesetzt worden, dass der einzige Inhalt des Uneigentlichen das Eigentliche sei. Ob diese Argumentation zur Unterscheidung zwischen Heidegger und dem Nationalsozialismus ausreicht, ob Agamben damit auch die Verwechselbarkeit seiner eigenen Behauptung, Biopolitik müsse Lebensform werden, hinlänglich geklärt hat, sei zunächst dahingestellt.

Aufschlussreich ist aber das Verfahren, die Technik seiner Argumentation, die mit dem Ausdruck ›Flucht nach vorne‹ nur erst angedeutet ist. Agamben intensiviert und pointiert die Analogien zwischen Heidegger und dem Nationalsozialismus, bis einem förmlich der Atem stockt. Und erst dann, am Punkt absoluter Aussichtslosigkeit, wo die Verstrickung dieser Philosophie in die nazistische Politik unauflöslich scheint, erst und gerade dann erfolgt der Umschlag. Dahinter steckt die im 20. Jahrhundert vielfältig benutzte und insbesondere von Martin Heidegger favorisierte Denkfigur, dass der Tiefpunkt des Niedergangs zugleich der Punkt ist, an dem sich das Blatt wendet.

In seinem Aufsatz über die Bedrohung des Menschen durch die moderne Technik (»Die Frage nach der Technik«, 1949) hat Heidegger diese Figur mit dem Hölderlin-Zitat »Wo aber Gefahr ist, wächst das Rettende auch« auf eine Art Formel gebracht. Ihrer Logik zufolge bezeichnet die größte Gefahr zugleich die größten Chancen eines Umschlags. Hier ist der Grund zu suchen, warum Agambens Alternativen zum souveränen Bann und zur Biopolitik so systematisch von Ambivalenz gekennzeichnet sind. Sie ist der Aufweis, das Siegel des Versprechens, dass der tiefste Punkt des Unglücks die Rettung verheißt; aber auch umgekehrt, dass Rettung einzig und allein im Durchgang durch den Tiefpunkt zu erwarten ist. Mit zynischen Versen Gottfried Benns: »wenn wir *gelitten* haben / Ist es *dann* gut?«[124] Man kann dieses Phänomen Dialektik nennen oder auch von einer heilsgeschichtlichen Figur sprechen, aber neutraler ist die punktuelle Koinzidenz von Gefahr und Rettung vorläufig als Ambivalenz zu beschreiben.

Die in Frage stehende Denkfigur der Ambivalenz ist jedenfalls alt; sie geht zurück auf die antike Formel, dass der Speer, der die Wunde schlug, sie auch heilt. Viele Texte Jacques Derridas umkreisen diese Figur (etwa »Platons Pharmazie«[125]). Adornos negative Dialektik wäre ohne sie kaum denkbar. Er schrieb am Ende seiner *Minima Moralia*, dass »die vollendete Negativität, einmal ganz ins Auge gefaßt, in die Spiegelschrift ihres Gegenteils zusammenschießt«[126]. Agambens Alternativen zum souveränen Bann stehen zweifellos in dieser Tradition. Aber er spekuliert mit ihr in bisher unbekannter Weise, sofern er diese Logik an einem Gegenstand erprobt und auf eine Situation anwendet, mit der weder Heidegger noch Derrida oder Adorno sie zu assoziieren je eingefallen wäre: Auschwitz. Immerhin machte Adorno deutlich, dass die Welt sich nicht von sich aus so präsentiert – vor allem nicht in nationalsozialistischen Konzentrationslagern –, sondern dass es bestimmter Konstruktionen bedarf, um Alltägliches so zu betrachten: »Philosophie, wie sie im Angesicht der Verzweiflung einzig noch zu verantworten ist, wäre der Versuch, die Dinge so zu betrachten, wie sie vom

Standpunkt der Erlösung sich darstellten [...]. Perspektiven müssten hergestellt werden, in denen die Welt [...] ihre Risse und Schründe offenbart, wie sie einmal als bedürftig und entstellt im Messianischen Lichte daliegen wird.«[127] Agambens Spekulationen über den Muselmann nehmen aber umstandslos und direkt den Standpunkt der Erlösung ein, was darauf verweist, dass sich seine Verwendung der Ambivalenz-Figur eher von Heidegger als von Adorno herschreibt. Wahrscheinlich handelt es sich bei dem Gedanken, dass mit der Gefahr auch das Rettende wachse, um ein Mythologem, das Agamben nicht nur unreflektiert fortführt, sondern problematisch pointiert.

b) Walter Benjamin und Carl Schmitt

Unter den zahlreichen Quellen, aus denen Agamben schöpft, kommt Walter Benjamin einzigartige Bedeutung zu. Hier hat man von einer genuinen Rezeption auszugehen, die das Werk weder nur erläutert noch ›benutzt‹, sondern es fortführend entfaltet und modifiziert. An einem bestimmten Punkt überschneidet sich Agambens intensive Benjamin-Rezeption mit seinem Interesse an Carl Schmitt. Dort greift Agambens Homo-Sacer-Projekt nachträglich auch in eine Debatte ein, die 1989 mit großer Intensität, aber geringer Medienwirksamkeit um einen Text von Benjamin geführt wurde. Den Schnittpunkt bildet Benjamins Aufsatz »Zur Kritik der Gewalt« von 1921. Er ist so zentral für Agamben, dass ein knappes Referat sich nicht erübrigt.

Das Ziel von Benjamins Essay ist die kritische (im Sinne Kants) Ableitung einer Gewalt, die nicht durch Mittel-Zweck-Relationen bestimmt ist und deshalb auch nicht mehr gewaltsam heißen darf. Ethisch legitim ist nach Benjamin nämlich nur eine Gewalt, die sich keinen Zweck vorsetzt oder einem solchen dient. Die liberale Utopie einer gewaltfreien Welt wird von Benjamin, nicht zuletzt in Gestalt seiner Kritik am Dogma des heiligen Lebens, der Naivität überführt. Da die »Vorstellung einer irgendwie denkbaren Lösung menschlicher Aufgaben [...] unter völliger und prinzipieller Ausschaltung jedweder Gewalt unvollziehbar bleibt, so nötigt sich die Frage nach andern Arten der Gewalt auf, als alle Rechtstheorie ins Auge faßt«[128]. In diesem Sinne gewaltfrei ist für Benjamin die Beilegung aller Konflikte, die jenseits des Rechts und ohne vertragliche Kodifizierung stattfindet (z.B. diplomatische Aussprachen). Alle Rechtsgewalt erweist sich für Benjamin dagegen als ethisch problematisch, weil sie mit Zwecken und Mitteln operiert.

Dass es Möglichkeiten einer reinen, nicht als Mittel zu einem Zweck missbrauchten Gewalt gibt, kann man täglich beobachten. Jeder Zornesausbruch ist in diesem Sinne reines Mittel, nicht Mittel zu einem Zweck, sondern unmittelbarer Ausdruck, reine Manifestation von Gewalt. Diese Art von Gewalt herrscht insbesondere im Mythos, wo die gewaltsam-grauenhaften Handlungen der Götter unvorhersehbar wie Zornesausbrüche über die Menschen hereinbrechen. Von dieser mythischen Gewalt fällt für Benjamin abermals ein problematisches Licht zurück auf die gesetzliche Gewalt. Alle Rechtsetzung und Rechtsprechung bleibt für Benjamin Machtsetzung und Machtspruch. Rechtliche Gewalt wird deshalb mythische Gewalt genannt. Damit stellt sich aber erneut die Frage, ob es nicht doch irgendwo eine reine Gewalt gibt, die der mythischen Verfallenheit aller Rechtsetzung und Rechtserhaltung entgeht. Der Nachweis des Bestandes einer solchen reinen Gewalt ist notwendig, weil nur so die Möglichkeit einer ethisch akzeptablen Gewalt unter Menschen gewährleistet werden kann.

Die reine, der mythischen entgegengesetzte und von ihr kategorisch zu unterscheidende Gewalt nennt Benjamin an diesem Punkt seiner Untersuchung auch »göttliche Gewalt«. Sie zeige sich in archaischen Formen wie dem »Gottesgericht der Menge am Verbrecher« oder im »wahren Kriege«; auch die biblische Erzählung von der Vernichtung einer Gruppe Israeliten zählt als Beispiel göttlicher Gewalt. Nun fügt Benjamin aber zum Schluss und höchst rätselhafterweise hinzu, dass diese göttliche Gewalt »sich als solche niemals mit Gewißheit wird erkennen lassen«[129]. Damit entzieht er die soeben eröffnete Sphäre reiner, göttlicher Gewalt sogleich wieder dem Zugriff, denn wenn die Menschen in letzter Instanz niemals mit Gewissheit entscheiden können, ob es sich im einen oder anderen Fall um göttliche Gewalt handelt oder nicht, welchen Sinn besitzt dann noch ihre Deduktion?[130]

Die fundamentale Doppeldeutigkeit dieses Schlusses kommt vielleicht am unmissverständlichsten in der Tatsache zum Ausdruck, dass Benjamin auch *ein* Beispiel für göttliche Gewalt anführt, das keinesfalls im Dunkel der religiösen Überlieferung liegt wie das Gottesgericht, sondern sich täglich und vor aller Augen ereignet. Den »erzieherischen Vollzug« (jenseits seiner staatlichen Verwaltung in Schulen o.ä.) nennt Benjamin einen Fall von göttlicher Gewalt.[131] Ausgerechnet die Erziehung, die den Zögling der Macht eines Erziehers ausliefert, dem jedes Mittel zu Erziehungszwecken recht sein mag, der nur allzu oft und vielleicht unvermeidlich mythische Züge annimmt, soll göttliche Gewalt bezeugen. Man kann das als abgründig ironischen Hinweis darauf verstehen, dass die Verstrickung reiner und mythischer Gewalt unauflöslich bleibt. Man kann das befremdliche Exempel aber auch so interpretieren (wofür u.a. die intensive Beschäftigung des frühen Benjamin mit Erziehungsfragen spricht), dass Erziehung tatsächlich göttliche Gewalt sein soll und in dieser Eigenschaft dem entspricht, was Agamben mit dem Begriff der Lebensform erfassen möchte.[132] In jedem Fall darf man in der unergründlichen Ambivalenz dieser Stelle den Ursprung jener Ambivalenz erkennen, die Agambens Homo-Sacer-Bücher systematisch zuspitzen. Die bedrückende Frage, die sich bei der Lektüre immer wieder aufdrängt, ob denn das Recht als solches insgesamt »verwerflich« (Benjamin) sei[133] und nur eine messianische Erfüllung und Aufzehrung des Gesetzes uns davon erlösen könne oder ob vielleicht doch neue, mehr und vor allem andere Rechte und andere Gesetze (z.B. solche zur Erziehung und nicht territorial gebundene) zu schaffen sind – sie geht zurück auf die rätselhafte Schlussvolte von Benjamins »Zur Kritik der Gewalt«.

In der Benjamin-Philologie bilden die dunklen Beziehungen zwischen Carl Schmitt und Walter Benjamin von jeher einen wunden Punkt. Fest steht, dass Benjamin zur Zeit der Abfassung seines Buchs *Über den Ursprung des deutschen Trauerspiels* (1927) sechs Jahre nach dem Gewaltaufsatz Schmitts *Politische Theologie. Vier Kapitel zur Lehre von der Souveränität* bereits kannte und dort in seinen Ausführungen zum barocken Souverän auch zitiert. Außerdem gibt es einen Brief Benjamins an Schmitt aus dem Jahre 1930, der wenig Zweifel an seiner Bewunderung für den Juristen lässt. 1988 tauchten Briefe von Carl Schmitt auf, in denen er sein Hobbes-Buch eine Replik auf Benjamin nennt. Das reicht für einen politisch brisanten Philologen-Krimi. Wie bei seiner Analyse des Verhältnisses von Heideggers Philosophie und dem Nationalsozialismus betreibt Agamben auch hier erst einmal Flucht nach vorn. In den entsprechenden Passagen von *Ausnahmezustand* dreht er den Spieß gewissermaßen um. Mit beträchtlicher philologischer Raffinesse führt er den Nachweis, dass nicht, wie Benjamin-Philologen gequält vermuten, Benjamins Aufsatz eventuell von Schmitt beeinflusst worden sein könnte, sondern umgekehrt. Agambens mutige These lautet, dass Schmitts Souveränitätslehre den Versuch darstellt, die von Benjamin deduzierte reine bzw. göttliche Gewalt in den Horizont des Rechts zurückzuholen, sie im Ausnahmezustand als konstitutiv für das Recht (und nicht als radikale Alternative zur Rechtsgewalt) auszuweisen.

Mit der Behauptung, dass Schmitts Souveränitätslehre einen Neutralisierungs- und Verrechtlichungsversuch von Benjamins göttlicher Gewalt darstellt, scheint Agamben aber nun doch ziemlich eindeutig Stellung gegen das Recht an und für sich zu beziehen. Diese Tendenz schlägt sich auch in seiner Auseinandersetzung mit Derrida nieder. Derrida hat nun seinerseits eine Lektüre von Benjamins Gewaltaufsatz vorgelegt, an der sich die schon erwähnte Debatte des Jahres 1989 entzündete.

c) Jacques Derrida

Während Agamben in seinen frühen Texten den französischen Philosophen Derrida meist als unbedingte Autorität anführt und der eine oder andere dieser Essays hagiographische Züge trägt[134], wird im Umkreis der Homo-Sacer-Studien zusehends Kritik laut. Sie gilt vor allem Derridas Lektüre von Benjamins Gewaltaufsatz. In seinem an der Cardozo Law School in New York gehaltenen Vortrag hatte Derridas kritische Benjamin-Lektüre gemutmaßt, dass die Konzeption reiner bzw. göttlicher Gewalt die Apostrophierung der Judenvernichtung als Fall göttlicher Gewalt zumindest nicht ausschließe und auch aus diesem Grunde Bedenken gegen Benjamins Aufsatz insgesamt vorgebracht.[135] Agamben, für den Benjamins Text einen unverzichtbaren Ausgangspunkt seiner eigenen Überlegungen bildet, beschuldigt Derrida einer Fehllektüre. Zum manifesten Ort der Widerlegung Derridas wählt er Kafkas schon erwähnte Parabel »Vor dem Gesetz«, zu deren Exegeten neben vielen anderen sowohl Benjamin als auch Derrida gehören.

Derrida liest Kafkas Parabel nicht direkt als Scheitern des Mannes vom Lande, aber er versteht die verzögernde Verschiebung, mit der der Mann immer wieder dem Warten ausgesetzt wird, so, dass es hier ein Ereignis erreiche, »sich nicht zu ereignen«. Darin werde die Unverfügbarkeit des Kommenden offen gehalten und eine Form von Freiheit gewährleistet (vgl. Derrida, HS 68). Dagegen bietet Agamben seine Lesart auf, die umgekehrt davon ausgeht, dass sich mit der Schließung des Gesetzes tatsächlich etwas ereignet, obwohl nichts zu geschehen scheint (vgl. Kapitel IV.2c). Agambens Polemik passiert daraufhin schnell die Grenzen eines Auslegungsstreits und wird so prinzipiell wie persönlich. Indem die Dekonstruktion »die Unentscheidbarkeiten in der unendlichen Überschreitung über jede effektive Möglichkeit des Signifikats« (HS 36) stelle, perpetuiere sie den fatalen Zustand der ›Geltung ohne Bedeutung‹. Sie wiederhole bloß das Paradox der Souveränität, ohne einen Ausweg anzubieten: »Das Denken riskiert hier, sich zu unendlichen und unlösbaren Verhandlungen mit dem Türhüter verdammt zu sehen.« (HS 65)

Derrida und der Dekonstruktion wirft Agamben weitergehend vor, mit ihrer Insistenz auf Aufschub (im Sinne der von Derrida entwickelten *différance*) und durch ihr Verharren in der Zweideutigkeit das Eintreten des ›wirklichen‹ Ausnahmezustands, die Schließung des Rechts, regelrecht zu verhindern. Derrida ist mindestens mitgemeint, wenn Agamben, eine Bibelstelle abwandelnd, verkündet: »Wehe euch, die ihr nicht in die Tür des Gesetzes eintreten wolltet und auch nicht erlaubtet, daß sie geschlossen würde.« (HS 65) Ob Agambens Ausführungen zur Lebensform, zum Rest oder zum Zeugnis dieses Evangelium einer von den Pharisäern der Dekonstruktion verhinderten Rechtsschließung einlösen, sei dahingestellt. So fragwürdig es ist, ausgerechnet diese Textstelle zu verwenden, so gewiss ist, dass sich hier eine Herausforderung zu Wort meldet. Man braucht

Agambens Polemik nicht zu mögen, um angesichts von Derridas in seinen letzten Büchern ermüdend repetitiv vollzogener und tendenziell apologetischer Selbsthistorisierung der Dekonstruktion einen Unmut zu fühlen, der sich bei Agamben spürbar mitteilt. Kein Zweifel, dass er den Bogen zwischen Philosophie und Politik ganz anders – verführerischer, aggressiver, direkter und provokanter – zu spannen weiß. Die Risiken, die das birgt, ebenso wie die Fragwürdigkeit von Agambens rhetorischen Inszenierungen dürften aber auch hinlänglich deutlich sein.

d) Hannah Arendt und Michel Foucault

Im Unterschied zu den bisher Genannten hat Agamben Hannah Arendts und Michel Foucaults Einfluss auf seine Homo-Sacer-Studien explizit hervorgehoben. Foucault, so führt er aus, habe mit seinem Begriff der Biopolitik (vgl. Kapitel IV.3) den richtigen Ansatz entwickelt, aber leider darauf verzichtet, ihn am extremen Fall des Lagers zu erproben und entsprechend zu modifizieren. Arendts Beobachtungen am Totalitarismus dagegen, vor allem ihre Einsicht, dass in totalitären Systemen Natur oder Geschichte direkt als politischer Auftrag begriffen werden, hätten den richtigen Gegenständen gegolten, aber sie sei, weil ihr der Begriff der Biopolitik gefehlt habe, zu der unhaltbaren Überzeugung gelangt, die alten Unterscheidungen zwischen *bios* und *zoe*, *polis* und *oikos* müssten restauriert werden. In die Schneise, die Agambens Erhellung von Foucaults und Arendts vermeintlichen *blind spots* schlägt, platziert Agamben Schmitts Theorie des Ausnahmezustands und setzt, so ausgerüstet, zu dem an, was weder Foucault noch Arendt oder Schmitt gelang, nämlich eine einheitliche Großtheorie der Macht zu formulieren. Denn Agambens Versuch, das Paradox der Souveränität als Apriori aller bisherigen Politik zu erweisen, läuft letztlich auf eine Theorie der

Macht hinaus, die vielleicht noch ›Schwellen‹ und Paradigmenwechsel, aber keine ungleichzeitigen historischen Entwicklungen mehr kennt. Agambens Darstellung von Arendt und Foucault hat jedoch ihre eigenen *blind spots*.

Im Falle Arendts hat Agamben u.a. die große Bedeutung unterschlagen, die sie der Gebürtlichkeit (engl. *natality*) beimisst.[136] Während Gebürtlichkeit für Arendt die perennierende Möglichkeit eines Neubeginns signalisiert und ein Garant der Individualität ist, möchte Agamben die Geburt ausschließlich als den Mechanismus erfassen, der die Einschreibung natürlichen Lebens in die Ordnung des Nationalstaates ermöglichte (vgl. Kapitel IV.3). Andererseits verdanken seine Überlegungen zum Problem der Flüchtlinge und Staatenlosen Arendts Texten wahrscheinlich sehr viel mehr, als eine erste Lektüre vermuten lässt.

Während Agambens Verhältnis zu Arendt erst jüngst beleuchtet wurde[137], haben die Foucault-Spezialisten längst genauer hingeschaut. Nur zwei sich ergänzende Aspekte von Agambens Verhältnis zu Foucault sollen hier kurz beleuchtet werden (zu den methodischen Differenzen vgl. die Ausführungen zum Dispositiv-Begriff bei Foucault und Agamben, Kapitel V). Sie betreffen einerseits das Verhältnis von Biopolitik und Souveränität bei Foucault selbst und andererseits den Umstand, dass Agamben Foucaults Biopolitik in eine ›Thanatopolitik‹ verwandelt, die nicht ›leben macht‹, sondern Leben tötet. Der Historiker Philipp Sarasin hat das »Agambens todesfixierten Mystizismus der Souveränität« genannt.[138]

Foucault selbst hat jedoch die souveräne Macht und die Biomacht keineswegs nur kontrastiv oder einander ausschließend verhandelt. In einem seiner einschlägigen Aufsätze zur Biopolitik zeichnet sich schon exakt der Zusammenhang zwischen Biopolitik und Souveränitätspolitik ab, den Agamben entschlossen herausvergrößert. Beiläufig erwähnt Foucault in seiner Skizze auch den Souveränitätstheoretiker Hobbes und äußert in diesem Zusammenhang eine Vermutung, die Agamben an keiner Stelle zitiert, die aber darum nicht minder wegweisend für seine eigenen Untersuchungen gewesen sein dürfte. Angesichts dessen, dass die Menschen nach Hobbes den Gesellschaftsvertrag eingehen, um ihr Leben zu schützen, mutmaßt Foucault: »Muß das Leben nicht insofern außerhalb des Vertrags bleiben, als es das erste, ursprüngliche, grundlegende Motiv des Vertrages war?«[139] Damit ist genau die Ambivalenz des Lebens als ausgeschlossen und doch irgendwie »als erstes« eingeschlossen benannt, deren pointierender Entfaltung Agambens Anstrengungen gelten.

An derselben Stelle lässt Foucault auch wenig Zweifel daran, dass die (souveräne) Macht des Schwertes über den Tod und die der Biopolitik über das Leben zwei Seiten derselben Sache sind. Nur deshalb stellt er sich ja die wichtige Frage, wie eine auf ›leben machen‹ zielende Macht ihr (souveränes) Tötungsrecht noch auszuüben vermag. Antwort darauf gibt in Foucaults Deutung der moderne Rassismus, sofern er auf der Vorstellung einer bedrohten Rasse beruht, deren Überleben allein durch die Abtötung der bedrohlichen Elemente garantiert werde: »Der Rassismus sichert, so glaube ich, die Funktion des Todes innerhalb der Ökonomie der Bio-Macht.«[140] Dass ethnische Säuberungen auch einmal, wie in Bosnien, durch massenhafte Vergewaltigung von Frauen durchzusetzen versucht werden würden, konnte Foucault nicht ahnen. Vielleicht war das mit ein Grund, warum er den Nazismus als hybrides Mischgebilde aus souveräner Macht und moderner Biomacht betrachtete und nicht, wie Agamben, als die historische Schwelle, an der sich ihr systematischer Zusammenhang enthüllt.

Obwohl Agamben viele Aspekte von Foucaults Rassismustheorie übernimmt (die sich übrigens mit Arendts Überlegungen zur Natur als politischer Aufgabe in totalitären Systemen vielerorts überschneidet), spürt er nicht den Relikten der souveränen in der modernen Biomacht nach, sondern möchte umgekehrt die souveräne Tötungsmacht als Fundament und ursprünglichen Kern der Biopolitik verstehen: ›Souveränitätspolitik war immer schon Biopolitik‹ ist die Botschaft des *homo sacer*.

Der scheinbare Gegensatz zwischen Biopolitik (›leben machen‹) und Souveränität (›sterben machen‹) löst sich aber auch insofern auf, als es Agamben nicht wie Foucault um die praktischen Formen der Durchsetzung des Tötungsrechts oder des Leben-Machens geht, sondern um die Tatsache, dass jede Biopolitik ›Tötbarkeit‹ involviert. Im Falle künstlicher Befruchtung wird dieser Nexus von ›leben machen‹ und töten *können* unmittelbar evident: Das gemachte Leben wirft sofort die Frage auf, was mit den überzähligen Embryos geschehen soll. Lösungen dieser und ähnlicher Probleme bietet Agamben glücklicherweise nicht an, aber er hat wichtige Voraussetzungen geschaffen, sie anders als bisher zu diskutieren. Unseren Blick für die staatlichrechtliche Dimension des ›Lebens‹ hat er gewiss geschärft. Fraglich ist, ob diese Erhellungen notwendig an Agambens tendenziell monolithische Theorie der (souveränen Staats- und Rechts-)Macht gebunden sein müssen. Die lückenlose Abrundung und hermetische Geschlossenheit seiner Konzeption läuft Gefahr, ein trübes Abbild dessen zu werden, was er beschreiben möchte. Foucault, schreibt Agamben, habe sich »einer einheitlichen Theorie der Macht konsequent verweigert« (HS 15). Seine Frage lautet deshalb: »gibt es [...] ein einheitliches Zentrum«? (HS 16) Es könnte sein, dass genau dies die falsche Frage ist.[141] Damit ist allerdings noch kein Urteil über die Antworten gefällt, die Agamben gibt. Sie könnten sich in einer nicht exklusiv machttheoretischen Perspektive als sehr produktiv erweisen.

e) Säkularisierung und politische Theologie

Säkularisation gehört zu den Begriffen, mit deren Hilfe sich die Moderne über sich selbst verständigt. Ursprünglich war Säkularisation ein Begriff des Kirchenrechts und meinte den Übergang von kirchlichem Besitz in weltliche Hände. Diese Bedeutung der Säkularisation ist allerdings längst dem Prozess anheimgefallen, der damit bedeutet wird. Bei dem Begriff Säkularisation denkt man nicht ans Kirchenrecht, sondern an die schwindende Macht von Kirche und Religion in der Moderne. Diesen Säkularisationsprozess kann man entweder als fortschrittliche Emanzipation von religiösen Ursprüngen beschreiben oder als Verfallsgeschichte, an deren Ende eine trostlos ›entzauberte Welt‹ steht. Max Weber, Theodor Adorno, Reinhart Koselleck u.a. haben die Einheit dieser beiden Beschreibungsmöglichkeiten hervorgehoben.

Weiterhin umstritten bleibt aber die Frage, ob Säkularisation von einer Kontinuität der Moderne mit der Religion zeugt, weil religiöse Elemente in profaner Form fortleben, oder ob Säkularisation umgekehrt das Siegel des Bruchs mit der Religion darstellt. Mit dem Begriff der Säkularisation steht die Legitimität der Neuzeit auf dem Spiel: Kann die Moderne gegenüber der Autorität der Religion, der sie abgeschworen zu haben scheint, ihre eigene Autorität behaupten? *Die Legitimität der Neuzeit. Säkularisation und Selbstbehauptung* (1966) lautet der Titel einer philosophiegeschichtlichen Studie Hans Blumenbergs zum Säkularisationsproblem. Der juridische Ausdruck ›Legitimität‹ deutet schon an, dass von dieser Frage insbesondere das Recht betroffen ist, jener Bereich, in dem sich die Säkularisation im engeren Sinne, nämlich die Trennung von Staat und Kirche vollzog.

Als politische Theologie wird das Feld bezeichnet, auf dem die Frage nach dem Zusammenhang des modernen Rechts mit seiner Genese aus sakraler Herrschaft besonders intensiv diskutiert wird.[142] Eine wichtige Bezugsfigur in diesem Zusammenhang ist der Verfasser zweier Bücher mit dem Titel *Politische Theologie*: Carl Schmitt. Er empfand die Analogie zwischen Recht und Religion als so evident, dass er in seiner Souveränitätslehre formulierte: »Alle prägnanten Begriffe der modernen Staatslehre sind säkularisierte theologische Begriffe.«[143] Den Begriff der politischen Theologie sah er u.a. gerechtfertigt durch die Strukturidentität der Begriffe theologischer und juristischer Argumentationen und Erkenntnisse, wie z.B. die Vorstellung von Gott als omnipotentem Gesetzgeber oder die Verwandtschaft des Ausnahmezustands mit dem religiösen Wunder. Widerspruch regte sich nach der Publikation von Carl Schmitts *Politischer Theologie* zunächst vor allem von theologischer Seite. Der Theologe Erik Peterson verfasste eine Schrift, die in einer Fußnote ihre Absicht zu erkennen gibt, die »Erledigung jeder politischen Theologie« zu leisten, worauf Carl Schmitt seinerseits mit der *Politischen Theologie II. Die Legende von der Erledigung jeder Politischen Theologie* (1969) antwortete. Zwischenzeitlich war 1966 Hans Blumenbergs *Legitimität der Neuzeit* erschienen, in der scharfe Kritik am Gebrauch des Säkularisationsbegriffs geübt wurde. Säkularisation sei keine historische Verlaufsform, argumentierte Blumenberg, sondern man habe sich die Umschaltung von Religion auf Recht und die Herausbildung des modernen Staates als ›Umbesetzung‹ vorzustellen:

»Säkularisierung als Erklärungsform geschichtlicher Vorgänge konnte überhaupt nur dadurch entstehen und überzeugend wirken, daß die historische Aufweisbarkeit von vermeintlich ›säkularisierten‹ Vorstellungen tatsächlich durch eine Identität im geschichtlichen Prozess getragen wird, die allerdings nicht die Identität der Sache, sondern der Funktion ist, welche letztere ganz heterogene Gestalten an bestimmten Stellen des Systems der Selbst- und Weltdeutung annehmen können.«[144]

In seiner auf Peterson replizierenden Schrift setzte sich Schmitt dann seinerseits wieder mit Blumenberg auseinander, dessen Kritik er als Versuch einer »wissenschaftliche[n] Negierung jeder politischen Theologie« ansah.[145] Das rief dann wieder Blumenberg auf den Plan, der darauf mit der um einen Schmitt-Exkurs erweiterten zweiten Auflage der *Legitimität der Neuzeit* (1983) antwortete.

Die Schmitt-Blumenberg-Debatte ist nur ein Ausschnitt aus einer sehr komplexen Diskussion, in der Agamben nur schwer ein Platz anzuweisen ist.[146] Oberflächliche Lektüren könnten zu dem Schluss gelangen, dass Agamben politische Theologie in der Tradition Schmitts betreibe, weil er z.B. den ›wirklichen‹ Ausnahmezustand mit der ›messianischen Zeit‹ verbindet. Genauere Überlegung erweist jedoch sehr schnell, dass Agamben eigentlich einen ganz neuen Aspekt in die Säkularisierungsdebatte einbringt. Seine Theorie versucht nämlich, das Recht an genau den Platz zu stellen, den in den Säkularisierungsgeschichten die Religion besetzt hält. Und zwar nicht irgendein Recht, sondern das heidnische römische Recht, das in einem höchst komplizierten Prozess im Mittelalter erst einmal dem christlichen Weltbild anverwandelt und gleichsam in dasselbe eingeschmolzen werden musste. Bevor das sakrale Recht ›säkularisiert‹ werden konnte, musste es erst einmal religiös kodifiziert, eingebunden und ›sakralisiert‹ werden. Für Agamben war am Anfang nicht die Religion, sondern das Recht.

Darin besteht der wesentliche Ertrag von Agambens wissenschaftsgeschichtlicher Skizze zur Interpretation des Begriffs des Heiligen (vgl. Kapitel IV.4). Er weist nach, dass die seit dem 19. Jahrhundert im Sinne der Säkularisationsthese in ›primitiven‹

Gesellschaften und andernorts nach religiösen Ursprüngen fahndenden Forscher die rechtlichen Ursprünge des Heiligen systematisch entstellen oder verdecken. Die römische Rechtsfigur des *homo sacer* ist ein schlagender Beleg für Agambens Forderung, dass wir uns dringend über die rechtlichen Ursprünge der vermeintlich ursprünglichen Religiosität aufklären sollten.

Diese Absicht steht auch hinter Agambens Lektüre des Klassikers *Die zwei Körper des Königs. Eine Studie zur politischen Theologie des Mittelalters* (1957) von Ernst Kantorowicz. Kantorowicz wollte nachweisen, dass die Lehre von den zwei Körpern des Königs, des sterblichen und des unsterblichen seiner königlichen Würde, ein Produkt christlichen theologischen Denkens darstellt, das jenseits des formellen Auseinandertretens von Kirche und Staat noch lange gewirkt hat. Nur beiläufig erwähnt Kantorowicz, dass es für diese Lehre auch ein nichtchristliches, römisches Vorbild gab. Schon im heidnischen Rom kannte man den grotesken Bestattungsritus, in dem ein wächsernes Abbild erst als lebende Person behandelt und dann feierlich verbrannt wurde. Indem Agamben diesen vernachlässigten Aspekt aufgreift (und natürlich sofort mit dem *homo sacer* in Verbindung bringt), wird nicht nur die These vom genuin christlichen Ursprung der Zwei-Körper-Lehre fragwürdig. Das Vorbild des römischen Bestattungsritus legt hinter dem ewigen Leben der königlichen *dignitas* überdies eine Spur der Tötbarkeit offen, vor der Kantorowicz in Agambens Deutung lieber die Augen verschließt. Agambens Kantorowicz-Kritik korrespondiert seinem Versuch, die sinistren, biopolitischen Aspekte der Souveränität schon aus der römischen *vitae necisque potestas* (der Macht des Vaters über Leben und Tod seines Sohnes) abzuleiten.

Wichtige Anhaltspunkte für Agambens Position im Streit um Säkularisierung und politische Theologie finden sich auch in seiner 2007 gemeinsam mit einem Text von Thomas von Aquin veröffentlichten Studie über die Engel als »Die Beamten des Himmels«[147]. Der mit einer Lektüre von Petersons Traktat über die Engel einsetzende Text arbeitet konsequent einen strikten Parallelismus – man könnte sagen, die Ko-Evolution – von weltlicher und göttlicher Hierarchie heraus. Im Vorwort stellt Agamben die Besonderheit des christlichen Verhältnisses zur Herrschaft und zur Regierung anhand der besonderen Stellung der Engel vor. Diese sind einerseits in Regierungsgeschäften Gottes tätig, andererseits besteht ihre Aufgabe in der Verherrlichung Gottes. Damit hat das Christentum als einzige der drei monotheistischen Religionen die Regierung der Welt »in die Gottheit eingefügt und derart die englische Macht vergöttlicht«[148]. Zwar gibt es auch im Judentum Engel, aber sie bleiben Gott fremd und scheinen eher Rivalen, Nachfahren einer älteren kosmologischen Ordnung zu sein. Der Islam hat keinen Bedarf an Engeln, da Gott selbst direkt in den Weltlauf eingreift. Nur im Christentum mit seiner Engel-Hierarchie kann sich so etwas wie die Vorstellung von Regierung bilden. Wenn das Christentum also nicht eigens verweltlicht zu werden brauchte, weil es sich dadurch auszeichnet, die weltliche Regierung in die Transzendenz Gottes hineinzutragen, dann erübrigt sich die These von der Souveränität als säkularisierter Transzendenz. Folglich gilt Agamben die Angelologie weder als Vorbild noch als Abbild weltlicher Regierung, sondern als »älteste und zugleich minuziöseste Reflexion jener besonderen Form der Macht oder des göttlichen Wirkens, die wir als Regierung der Welt bezeichnen können«[149]. Da der Begriff der Regierung erst in jüngster Zeit und zwar in unmittelbarem Zusammenhang mit dem Begriff der Ökonomie in den Gesichskreis von Agambens Überlegungen getreten ist, wird diese Thematik im nachfolgenden Kapitel vorgestellt (vgl. Kapitel V). Hier scheint es zunächst sinnvoll, Agambens Umdeutung des Verhältnisses von Recht und

Religion in zeitgenössischen Diskussionszusammenhängen zu verorten.

Wenn sein Beitrag zur Säkularisierungsdebatte darin besteht, die Dimension des Rechtlich-Politischen aus ihrer Latenz in der Religion herauszuheben, dann gehört er in einen Kontext mit gewissen (von der juristischen und rechtshistorischen Zunft nicht unbedingt wohlgelittenen) Theoretikern, deren Anliegen eine Neubestimmung des Verhältnisses von Recht und Religion ist. Dass es sich bei drei der wichtigsten Vertreter dieser Richtung um Franzosen handelt, mag sehr wohl mit dem Schatten zu tun haben, den Carl Schmitts *Politische Theologie* in Deutschland wirft. Unabhängig von ihm haben sich Claude Lefort, Jean-Luc Nancy und Pierre Legendre um eine Neueinschätzung der Beziehungen zwischen Recht und Religion bemüht.

In einem in Frankreich bereits 1981 erschienenen, aber erst 1999 ins Deutsche übertragenen Essay mit dem Titel *Fortdauer des Theologisch-Politischen?* wirft Lefort einen kritischen Blick auf die für moderne Gesellschaften konstitutive Trennung von Religion und Politik. 1981 hatte die deutlich vom Katholizismus inspirierte polnische Solidarnosc-Bewegung die politische Durchsetzungskraft religiöser Überzeugungen unter Beweis gestellt. Inzwischen sind zahlreiche politisch wirksame religiöse Bewegungen hinzugekommen. Zu ihnen zählt nicht nur die islamistische Bewegung. Die Wiederwahl George Bushs 2004 verdankte sich auch der verstärkten politischen Einflussnahme christlicher Sekten. Vor diesem Hintergrund ist Leforts These eines unmittelbaren Zusammenhangs von Politik und Religion nur schwer zurückzuweisen. Aber für ihn besteht dieser Zusammenhang weder in Gestalt unvollständiger oder gescheiterter Säkularisation politischer Begriffe, noch nimmt er, wie Schmitt, eine wesentliche Analogie an. Gegeben ist der Zusammenhang von Religion und Politik für Lefort in dem, was er Symbolisierung oder Verkörperung nennt. Ohne solche Symbolisierung oder Repräsentation droht Politik in seinen Augen wirkungslos zu bleiben und zur Bedeutungslosigkeit zu verkommen. »Das Getriebe der Verkörperungsmechanismen gewährleistet ein Ineinandergreifen von Religion und Politik selbst da, wo man glaubte, es nur mit rein religiösen oder rein profanen Praktiken oder Repräsentationen zu tun zu haben.«[150] Am Ende seines Essays macht Lefort allerdings einen historischen Wandel seit dem 19. Jahrhundert geltend. Einhergegangen sei »mit der Entkörperung der Macht [...], der Entkörperung des Rechtes eine Entkörperung des Denkens, eine Entkörperung des Sozialen«, die die Verkörperungskraft des Symbolischen ins Reich des bloß Imaginären verweise. Die Wirksamkeit der fortdauernden Verquickung zeuge allerdings von den enormen Schwierigkeiten, die moderne Demokratien bei dem Versuch haben, »sich für sich selbst lesbar zu machen«[151]. Die Annahme eines solchen Wandels der Verkörperungsstrategien teilt Agamben nicht. Im Gegenteil: Er stellt mit dem *homo sacer* seinerseits eine Verkörperung bereit, die den Wandel der politischen Systeme seit Rom überdauert haben soll. Es ist aber keine exklusiv religiöse, sondern eine juridische Figur.

Ähnliche Überlegungen wie Lefort hat unter anderen Voraussetzungen der Philosoph Jean-Luc Nancy zur Unverzichtbarkeit symbolischer Repräsentationen und Verkörperungen angestellt. Er steht Agamben offensichtlich näher und wird häufig zitiert. Schon vor Jahren hatte Nancy mit der Unterscheidung zwischen dem Politischen und der Politik (*le politique* und *la politique*) eine erweiternde Umdeutung des Politikbegriffs versucht. In einem jüngeren Interview hat auch er einen Mangel an Symbolizität beklagt. Er hat sich die Frage gestellt, wie z.B. ein geeintes Europa zu repräsentieren und zu symbolisieren und ob eine solche Symbolisierung für die politische Einigung nicht unerlässlich sei.[152]

Emphatisch bejaht wird die Notwendigkeit von Symbolisierungen von dem psychoanalytisch denkenden Rechtshistoriker Pierre Legendre. Sein Interesse am Zusammenhang zwischen Religion und Recht ist mindestens so groß wie Agambens. Aber trotz ähnlicher Voraussetzungen gelangt er zu gänzlich anderen Schlüssen.

Das Problem, das im Zentrum von Legendres Überlegungen steht, deutet Agamben flüchtig an einer kleingedruckten Stelle seines ersten Homo-Sacer-Buchs an. Dort weist er darauf hin, dass die Wirksamkeit des Gesetzes unter Umständen gar nicht erst einer Tötungsdrohung bedarf. Es gibt nämlich auch einen »vorlaufenden Gehorsam« (HS 85), der den Institutionen und Gesetzen, die ihn fordern, vorausgeht.[153] Agamben hält diese Auffassung für mythisch und überführt sie in sein Theorem vom souveränen Bann und der Geltung ohne Bedeutung. Legendre jedoch interessiert dieser Aspekt eines vorauseilenden Gehorsams vorrangig. Er geht davon aus, dass es eine tiefe erotische Bindung der Subjekte an das Gesetz gibt, die der fraglosen Liebe des Kindes zu seinen Eltern gleicht.[154]

Was Agamben als Potenz oder Latenz des Gesetzes im souveränen Bann konzipiert und unter allen Umständen brechen möchte, ist nach Legendre das entscheidende, unverzichtbare Moment der Genese von Subjekten überhaupt. Erst im Kontakt mit einem Gesetz und einer Autorität bilden sie sich als Subjekte heraus und entwickeln die Fähigkeiten, die Nancy und Lefort als Symbolisierung oder Verkörperung bezeichnen. Für Legendre beruht die Macht des Gesetzes jedoch nicht auf einer Tötungsandrohung, sondern auf einer abwesenden, fehlenden Autoritätsfigur, die immer nur repräsentiert, symbolisiert werden kann und die es realiter so wenig gibt wie des Kaisers neue Kleider im gleichnamigen Märchen. Im Inneren des Gesetzes und der Institutionen, die es vertreten und verwalten, klafft eine große Leere und Lücke, die die Menschen mit ihren Projektionen, ihren Schauspielen der Macht, die einer besitzt oder besitzen soll, immer aufs Neue füllen müssen. Tun sie dies nicht, so werden sie keine Subjekte, gibt es keine Gesellschaft, keine Politik, keine Kultur oder wie immer man sonst die Ordnungen nennen mag, in denen wir uns bewegen. Was Agamben als Durchbrechung des Banns herbeizusehnen scheint, bedeutet für Legendre nicht nur keine neue, sondern das Ende jeder Politik.

Wenn Agamben uns mit dem *homo sacer* ein politisches Symbol überlassen und einen modernen Mythos geprägt hat, werden die fälligen Entmythisierungen nicht lange auf sich warten lassen. Nicht vergessen werden sollte, dass auch Entmythisierungen von derselben welterhellenden und weltdeutenden Kraft zehren wie der Mythos selbst.[155] Licht in bisher dunkle Zonen der Souveränität haben Agambens Studien gewiss gebracht. Und sie haben politische Handlungs- und Denkmöglichkeiten eröffnet, die wahrgenommen werden können, auch wenn der Exodus aus der Souveränität auf sich warten lässt. Man braucht nicht Legendre-Anhänger zu sein, um das zu hoffen.

V Genealogie der Ökonomie

Sieht man von Recht und Staatstheorie ab, so gibt es noch einen anderen Bereich gesellschaftlicher Praxis, dessen bloße Beschreibung ohne Verquickung mit religiösen Motiven kaum möglich scheint. Umgangssprachlich bezeugen Prägungen wie ›Konsumtempel‹ oder ›Markenfetischismus‹ eine proto-religiöse, kultische Dimension der ökonomischen Sphäre. Schon Karl Marx trieben die »metaphysischen Spitzfindigkeiten und theologischen Mucken« der Ware im Kapitalismus um.[156] Der Soziologe Max Weber erklärte den Kapitalismus aus dem Geist der protestantischen Ethik.[157] Nietzsche, Freud, Simmel, Benjamin[158], Deleuze und viele andere Theoretiker der Moderne haben die Verflechtung der Geldwirtschaft mit religiösen Motiven und Strukturen beobachtet und analysiert. Auch Agamben hat teil an dieser Tradition vornehmlich kapitalismuskritischer Theoriebildung. Bis zur globalen Finanz- und Kreditkrise des Jahres 2008, die selbst hartgesottene Anhänger des freien Marktes nach dem Staat rufen ließ, hätte man den Eindruck gewinnen können, dass Agambens seit einigen Jahren verstärktes Interesse an der Ökonomie ein Korrektiv seiner souveränitätstheoretischen Akzentuierung darstellt. Angesichts dessen jedoch, dass in vielen Ländern in schier unfassbarer Schnelligkeit Gesetze erlassen wurden, die den maroden Banken mit gigantischen Summen zu Hilfe kamen, wird man eher von einer folgerichtigen Kontinuität seines Denkens ausgehen müssen – und einmal mehr die eigentümliche Koinzidenz seines Denkens mit zeitgenössischen Entwicklungen zu vermerken haben.

In dem 2008 erschienenen Essay *Was ist ein Dispositv?* schreibt Agamben: »Die letzten drei Jahre habe ich damit verbracht, eine immer mehr ins Detail gehende Untersuchung voranzutreiben, deren Ende ich eben erst abzusehen beginne. Annäherungsweise ließe sie sich als eine theologische Genealogie der Ökonomie bezeichnen.« (D 19) Neben dem zitierten Text und einem Aufsatz[159] erschien aus diesem Komplex bisher noch ein unter dem Titel »Die Beamten des Himmels. Über Engel« pünktlich zu Weihnachten 2007 publizierter und entsprechend viel rezensierter Teilabdruck des für 2009 auf Deutsch erwarteten Buches *Die Macht und die Herrlichkeit.*[160]

Dem der Religion eng verwandten politischen Paradigma der Souveränität möchte Agamben mit der Ökonomie also ein zweites zur Seite stellen. Während unser Politikbegriff mit der Transzendenz des souveränen Gottes einhergeht, betrifft die theologische Ökonomie, dem griechischen Wort gemäß, den nicht-politischen Bereich häuslicher Verwaltung (gr. *oikos* = Haus), und in ihr, behauptet Agamben, »gründet die moderne Biopolitik bis hin zum derzeitigen Triumph der Ökonomie über jeden anderen Aspekt des gesellschaftlichen Lebens«[161]. Im Vergleich zur engen Verknüpfung von Souveränität und Biopolitik im Zeichen der Ausnahme scheint das zunächst doch eine Verschiebung in Agambens Konzeption anzudeuten. Denn nun erscheint das ausgeschlossene »nackte Leben«, auf das sich die Biopolitik richtet, nicht mehr als die letzte, so fatale wie enthüllende Konsequenz des Souveränitätsparadigmas, sondern Biopolitik wird mit der Ökonomie auf ein weiteres, aber gleichberechtigtes Paradigma verpflichtet. Innertheologisch jedoch gehören beide Paradigmen eng zusammen. Ihren gemeinsamen Fluchtpunkt bildet der Begriff des Regierens.

Während viele Theoretiker die Ökonomie als Säkularisat religiöser Motive verstanden haben, weist Agamben umgekehrt die Ökonomie als genuin theologischen Begriff aus. In der Patristik, also bei Kirchenvätern wie Tatian, Irenaeus, Eusebius oder Clemens, ist er tatsächlich sehr prominent. Die theologische *oikonomia* antwortet auf ein Problem, das Marcion (ca. 85-160) und die Gnosis[162] den drei monotheistischen Religionen hinterlassen haben. Die Gnostiker behaupteten u.a., dass der Schöpfergott nicht derselbe sei (noch sein könne) wie der Erlösergott und stellten mit dieser Lehre den Monotheismus in Frage. Das Christentum reagierte auf diese Bedrängnis mit der Ökonomisierung der Transzendenz. Im Dreifaltigkeits-Dogma und in der Angelologie (= Engelskunde) findet sie ihren Niederschlag. Gott-Vater, Sohn, heiliger Geist und die Engel bilden gemeinsam die göttliche Hauswirtschaft. Neben dieser Bedeutung hat die theologische Ökonomie noch eine zweite, mit der eine weitere Frage der Gnosis beantwortet bzw. zurückgewiesen werden sollte, ob Gott nämlich schlechterdings nicht von dieser Welt ist oder ob er sie regiert. *Oikonomia* ist auch der Name des göttlichen Erlösungsplans für die Welt. Sie betrifft also sowohl das göttliche Leben und seine Organisation wie auch Organisation und Lenkung des menschlichen Lebens in heilsgeschichtlicher Perspektive. Aber dieser doppelten theologischen *oikonomia* gelingt es niemals, die Spuren der Zäsur zu tilgen, die sie bedeutet: Mit der *oikonomia* hat sich in Gott dessen Handeln (seine Regierung) von seinem Sein (das nicht von dieser Welt ist) getrennt; unvermittelt und unvermittelbar steht das Sein (die Ontologie) der Praxis (des politischen Handelns) gegenüber: »Dem Handeln (der Ökonomie, aber auch der Politik) fehlt jede Begründung im Sein: Dies ist die Schizophrenie, die die theologische Lehre der *oikonomia* der abendländischen Kultur hinterlassen hat.« (ÖT 21) Das Dilemma unserer gegenwärtigen Kultur ist demnach immer noch und immer wieder die Unvereinbarkeit von Sein und Handeln. Damit wird deutlich, wie eng Agambens gegenwärtiges Interesse an der Ökonomie mit seinem Projekt zusammenhängt, der Ontologie (=Seinslehre) den politischen Primat zurückzuerstatten, den sie spätestens mit dem Christentum verlor, das die Spaltung mit der Trinitätslehre überhaupt erst inaugurierte.[163]

Das Verständnis der Ökonomie als Erlösungsplan für die Welt tritt mit dem 5. Jahrhundert zusehends in den Hintergrund. Aber in säkularisierter Form werde diese Bedeutung, argumentiert Agamben, erneut und besonders wirkmächtig im Sprachgebrauch der Aufklärung, als man eine (zunächst noch durch die Schöpfung gewährleistete) Ökonomie der Natur, später auch des Lebens überhaupt, entdeckt. Gegen Ende des 18. Jahrhunderts finden die sogenannten ›Physiokraten‹ schließlich heraus, dass es unter Umständen ›wirtschaftlicher‹ sein könnte, den Markt seiner Eigendynamik, seiner eigenen Ökonomie zu überlassen, statt Preise, Zölle etc. durch die Obrigkeit zu bestimmen und von der jeweiligen Regierung regulieren zu lassen. Mit dieser Position markieren die Physiokraten als älteste Vorfahren des Wirtschaftsliberalismus einen einschneidenden Wandel im bis dahin geltenden Verständnis der Regierungskunst, für die exemplarisch Machiavellis Traktat *Über den Fürsten* (1532) stehen mag. Die Geschichte dieses Paradigmenwechsels hat Michel Foucault in seinen Vorlesungen der Jahre 1978 und 1979 ausführlich beschrieben.[164] Agambens begriffshistorische Beschäftigung mit der theologischen Vorgeschichte dieser Entwicklungen ist einerseits als Ergänzung von Foucaults Überlegungen zu verstehen. Sie stellen (ähnlich wie im Falle von Agambens Kantorowicz-Deutung, vgl. Kapitel IV, 7e) den Versuch dar, gleichsam hinter den historischen Umbrüchen und Zäsuren eine noch ältere Vergangenheit sichtbar zu machen. Andererseits geht es Agamben auch um eine Historisierung Foucaults. Denn Agamben behauptet, dass sich die ebenfalls im 18. Jahrhundert formierenden Humanwissenschaften allesamt »im Zeichen der oikonomischen Tradition« entwickeln.[165] Foucault ist der Geschichtsschreiber dieser Humanwissenschaften, aber er ist auch selbst ein Humanwissenschaftler. Agamben weist Foucaults Verwurzelung in diesem Entstehungszusammenhang an dem Begriff nach, den Foucault als *terminus technicus* seiner Diskuranalyse in die Humanwissenschaften eingeführt hat: das *Dispositiv*.

Im Französischen umfasst der Begriff eine juristische Bedeutung, die sich auf den Teil eines Urteils bezieht, der im Unterschied zur Begründung die eigentliche Anordnung bzw. den Entscheid enthält. Im technischen Sprachgebrauch bezeichnet Dispositiv die Anordnung einer Maschine oder eines Mechanismus. Und schließlich bedeutet Dispositiv in der militärischen Sphäre die Gesamtheit der zur Ausführung eines Planes angeordneten Maßnahmen. In Foucaults Verwendung dieses Begriffs spielen diese verschiedenen Bedeutungen oft ineinander. Zu seiner Bedeutung hat er sich außerhalb von spezifischen Kontexten nur spärlich geäußert. Einmal nennt er das Dispositiv das Netz, das zwischen scheinbar heterogenen Elementen wie wissenschaftlichen Aussagen, Institutionen, administrativen Reglementierungen, architektonischen Einrichtungen und philosophischen Lehrsätzen geknüpft ist.[166] Dieses Netz ist keine nachträgliche Rekonstruktion, die im historischen Abstand Verbindungslinien aufzeigt oder zieht. Gemeint ist vielmehr die strategische Ausrichtung gegebener Kräfteverhältnisse im Rahmen eines Machtspiels: »Das eben ist das Dispositiv: Strategien von Kräfteverhältnissen, die Arten von Wissen unterstützen und von diesen unterstützt werden.«[167] Dispositiv ist also das, was eine Macht installiert – und zwar in der ganzen Doppeldeutigkeit dieser Formulierung. Agamben lässt es sich nicht nehmen, die Herkunft des von Foucault nie recht definierten, aber stets einleuchtend gebrauchten

Dispositiv-Begriffs anzugeben. Der Begriff ist vom lateinischen Wort *dispositio* abgeleitet. Damit haben die Kirchenväter die theologische *oikonomia* im Lateinischen wiedergegeben. Noch die Theoriebildung des 20. Jahrhunderts steht im Schatten der göttlichen Ökonomie.

Unter dem von Deleuze geborgten Titel *Was ist ein Dispositiv?*[168] hat Agamben im Ausgang von Foucault und mit Rückbezug auf die theologischen Ursprünge der *oikonomia/dispositio* eine eigene Dispositiv-Lehre aufgestellt. Der erste Teil seines Essays verfolgt den Nachweis, dass das Dispositiv bei Foucault an die Stelle jener Begriffe tritt, die der selbst in kritischer Absicht gern als Universalien bezeichnet hat. Von einer Auseinandersetzung mit diesem Typus von Begriffen, zu denen Macht, Gesetz und Souveränität gehören, hatte Foucault zugunsten der Analyse konkreter Machttechnologien programmatisch abgesehen. Aber genau so einen Begriff möchte Agamben aus dem Dispositiv machen. Dessen theologische Herkunft, und insbesondere die darin angelegte Spaltung von Sein und Handeln, leistet ihm dabei gute Dienste.

Agambens Dispositiv-Lehre stellt die Lebewesen, also die Ontologie der Geschöpfe, der *oikonomia* der Dispositive gegenüber. Als Dispositiv gilt Agamben nun schlechterdings alles, »was irgendwie dazu imstande ist, die Gesten, das Betragen, die Meinungen und die Reden der Lebewesen zu ergreifen, zu lenken, zu bestimmen, zu hemmen, zu formen, zu kontrollieren und zu sichern« (D 26). Dazu zählen nun nicht mehr nur die Institutionen, deren Genese und Strukturen Foucaults Interesse vornehmlich galt, wie etwas das Gefängnis, die Klinik, die Schule oder die Fabrik, sondern »auch der Federhalter, die Schrift, [...] die Mobiltelefone« und schließlich sogar die Sprache selbst als das »vielleicht älteste Dispositiv« (D 26). Zwischen den Geschöpfen und den Dispositiven stehen die Subjekte, die »sozusagen [aus] dem Nahkampf zwischen den Lebewesen und den Dispositiven« hervorgehen. (D 27) Subjekte, so weit ist sich Agamben mit einer ganzen Reihe jüngerer Subjekttheorien einig, sind nicht von vornherein gegeben, sondern entstehen durch Subjektivierungsprozesse. Diese dürfen Dispositive heißen, sofern sie nicht den Zweck der Subjektkonstitution, sondern vor allem den der Regierung, Lenkung, Überwachung der so konstituierten Subjekte haben. Subjekte entstehen als Effekte eines Prozesses, der auf die Gefügigkeit und Lenkbarkeit dieser Subjekte zu deren eigenem Heil abzielt. Versteht man beispielsweise Erziehung als ein Dispositiv, so geschieht jede Erziehungsmaßnahme selbstverständlich immer ›zum Besten‹ des Kindes, aber es kann auch keinen Zweifel geben, dass jede Erziehung, auch und gerade die zur Mündigkeit, einen Unterwerfungsakt und Kontrollmechanismus darstellt. Das lateinische Wort *subiectum* heißt wörtlich das, was unterworfen wurde oder unterlegen ist.[169] Der theoretische *locus classicus* einer Subjektwerdung durch Unterwerfung stammt vom marxistischen Theoretiker Louis Althusser, der das Interpellation bzw. Anrufung nannte (und übrigens als säkularisierte Form des göttlichen Rufs verstand). Subjekt wird man nach Althusser in dem Augenblick, wo ein Polizist, also ein Vertreter von Macht und Gesetz, »He, Sie da!« ruft und man sich daraufhin umdreht.[170] Subjektivierungsprozesse sind aber ein zweischneidiges Schwert: Sie produzieren Subjekte um den Preis ihrer Unterwerfung; umgekehrt ist der Preis für die Unterwerfung jedoch ein Subjekt, das sich auch widersetzen kann.[171]

Den Kreis der Subjektivierungsprozesse in Gang setzenden Dispositive glaubt Agamben erweitern zu müssen, weil sich die kapitalistische Gegenwart durch eine ungeheure Anhäufung von Dispositiven auszeichne. Das Internet, das Mobiltelefon sind ihm Dispositive, sofern sie den Internetbenutzer oder den Handybenutzer hervorbringen. Vor allem über dem Dispositiv des Mobiltelefons wird Agamben fast zu einem Kulturkritiker alten Schlages. Wer in Bahnen und Bussen immer aufs Neue mit anhören muss, wie eine Person übers Mobiltelefon mitteilt, sie sei gerade in der Bahn oder im Bus, wird seine Ausfälle gegen dieses Kommunikationsmedium zu schätzen wissen, auch wenn Agambens leidenschaftliche Erregung übers Handy einigermaßen komisch wirkt.

Doch Agamben behauptet, die Dispositive hätten sich nicht nur ins Uferlose vermehrt, sondern sie hätten sich auch gewandelt, indem sie eine ihrer Eigenschaften eingebüßt hätten. Die neuen Dispositive (wie das Handy) produzieren keine Subjekte mehr, sondern dienen allein der Desubjektivierung. »Die zeitgenössischen Gesellschaften verhalten sich also wie träge Körper, die von gigantischen Prozessen der Desubjektivierung durchlaufen werden, denen jedoch keine wirkliche Subjektivierung mehr entspricht.« (D 39) *Oikonomia* regiert als ein Regierungshandeln, das sich nur selbst reproduziert. Das ist als Diagnose gewiss sympathisch und nachvollziehbar. Aber ob der Begriff des Dispositivs, den Agamben so erweitert hat, dass selbst die Sprache als Dispositiv erscheinen kann, noch in der Lage ist, unsere kapitalistische Konsumkultur in ihrer Besonderheit zu erfassen, scheint fraglich. Hilflos wirkt Agambens Erregung, weil er anders als etwa marxistische Kulturtheoretiker nicht auf eine Entfremdungstheorie zurückgreifen kann. Wenn nämlich die Prozesse, die marxistische Theoretiker Entfremdung nennen, für die Konstitution eines jeden Subjekts überhaupt unverzichtbar sind, dann fehlt es Agamben an dieser Stelle an Kriterien, die ›guten‹ von den ›bösen‹ Dispositiven, die Subjektivierungseffekte der Beichte etwa von denen eines Handys zu unterscheiden (D 35). Auf die Spur dessen, was sich mit den neuen Dispositiven geändert hat, könnte unter Umständen die Bemerkung von Walter Benjamin führen, der Kapitalismus sei eine Kultreligion ohne Theologie und Dogma.[172]

Interessant ist aber nun der Begriff und ist die Strategie, von der Agamben sagt, dass wir sie »in unserem Nahkampf mit den Dispositiven verfolgen müssen« (D 33): Profanierung. Während das Opfer seit jeher das Dispositiv ist, das die Gegenstände ihrem menschlich-profanen Gebrauch entzieht und so deren Übergang in die Sphäre des Heiligen reguliert, setzt Agamben auf die Umkehrung dieses Prozesses durch die Profanierung der Dinge, die wir gegenwärtig gar nicht mehr gebrauchen, sondern nur noch konsumieren können. Profanierung ist das »Gegendispositiv« zum Opfer.[173] Seinen Begriff von Profanierung erläutert Agamben einmal mehr primär mit Bezug auf das römische Recht. Im römischen Verständnis ist das Opfer der Ritus, in dem etwas »dem allgemeinen Gebrauch der Dinge, Orte, Tiere oder Personen« entzogen »und in einen abgesonderten Bereich versetzt« wird. (D 34) Was durch Riten abgesondert wird, könne aber »durch einen Ritus wieder dem profanen Bereich zurückgegeben werden« (ebd.). Wie hat man sich das vorzustellen? Und wird es nicht gerade deshalb unmöglich, weil sich die jüngsten Dispositive dadurch auszeichnen, gar keine Subjekte mehr hervorzubringen? Konkrete Antworten auf diese Fragen gibt Agamben in dem bereits zitierten Essay *Profanierungen*. (Vgl. IV 6a) Sein Essay über das Dispositiv schließt dagegen vergleichsweise rätselhaft. Um die Frage nach der Profanierung der Dispositive nicht schon zu beantworten, sondern allererst richtig zu stellen, müssten solche, »die sie sich zu eigen machen [...], jenes Unregierbare zum Vorschein zu bringen, das zugleich Anfang und Fluchtpunkt jeder Politik ist« (D 41). Hinter oder vor den zweischneidigen Subjektivierungsprozessen, hinter oder vor der Dialektik des Subjekts zwischen Macht und Widerstand, müsste es demnach ein Unverfügbares geben, das allererst die Dispositive auf den Plan ruft. Könnte es ›Leben‹ heißen oder ›Mensch‹? Wie sich an anderer Stelle inmitten von Agambens düsterem Universum unerwartet ein Humanismus geltend machte (vgl. IV 6a), gerät man hier an einen ähnlichen Punkt, wo sich jenseits aller Aporie ein frommer Glaube an ein unverfügbares, unregierbares, gewiss auch unbestimmbares Phänomen abzeichnet. Will man der Faszination, die Agamben auf viele ausübt, Rechnung tragen, sollte man dieses Moment nicht übersehen. Ob es dazu berechtigt, ihn als katholischen Denker zu bezeichnen, sei dahingestellt. Vielleicht haben sowohl das Interesse, das Agamben erweckt, als auch die Ablehnung, die er erregt, denselben Grund: dass sich da einer, gewissermaßen rücksichtslos, in jene alten und ältesten Traditionen vergräbt und sich aneignet, was als abendländisches Kulturgut so oder so längst abgehakt scheint, um daraus noch einmal Funken zu schlagen.

Anhang

Anmerkungen

1 Diese Lage hat sich seit dem Spätsommer 2015 drastisch verschärft. An der brisanten Aktualität von Agambens an Arendt anschließenden Überlegungen kann kein Zweifel sein. Wenn er sich meinem Kenntnisstand nach bisher nicht öffentlich zur Flüchtlingskrise geäußert hat, dann könnte das auch den Grund haben, dass er dieses Problem adressiert und thematisiert hat, lange bevor sich die Situation in dieser Weise zuspitzte. Wundern muss man sich aber, dass angesichts der breiten Rezeption in den letzten Jahren in der Öffentlichkeit während der vergangenen Monate nur sehr selten auf Agamben Bezug genommen wird. Diese Abstinenz könnte unter Umständen mit den Effekten der Kölner Silvesternacht 2015 zusammenhängen. Die sexuellen Übergriffigkeiten auf der Domplatte haben die Diskussion in andere Bahnen gelenkt und Aussagen möglich gemacht, die noch im Spätsommer des Jahres undenkbar waren. Das unbekümmert-gedankenlose Erstarken des nationalstaatlichen Eigensinns – Grenzen schließen, Zäune ziehen, Lager auf der anderen Seite einrichten – ist jedenfalls besorgniserregend. Und Agamben hat weiterhin in vielem Recht.

2 »The danger is that a global, universally interrelated civilization may produce barbarians from its own midst by forcing millions of people into conditions which, despite all appearances, are the conditions of savages.« Hannah Arendt, *The Origins of Totalitarianism*, San Diego/New York/Orlando [3]1948, S. 302. Man kann diesem Satz auch die Skepsis seiner Verfasserin entnehmen, dass diese Probleme durch die Schaffung transnationaler Organisationen und Institutionen gelöst werden könnten.

3 Michael Hardt u. Antonio Negri, *Empire*, Cambridge u. London 2000. Agamben zitiert seinen Landsmann Negri gelegentlich. Dass die Autoren mit Agambens jüngeren Arbeiten vertraut sind, geht aus ihrem Buch hervor. Vgl. die (wenig überzeugende) Kritik am späten Fou-

cault (S. 91 f.) und die sehr zweifelhafte Identifikation des *homo sacer* mit den Armen der Welt (S. 156 ff.). Den Verfassern ist hier ein Rezeptionsfehler unterlaufen, denn Agamben geht es nicht um die Identifikation aller Armen und Geächteten als *homines sacri*. Der *homo sacer* ist ein Emblem virtueller Tötbarkeit.

4 So hat sich z.B. Agambens amerikanischer Übersetzer primär auf die Aristoteles-Exegese berufen (vgl. P 1-23). Einen sprachphilosophischen Ansatz hat Reimar Klein in seinem Nachwort zu *Idee der Prosa* privilegiert (IP 153-171). Der Verfasser des Eintrags zu Agamben in *Philosophie der Gegenwart in Einzeldarstellungen von Adorno bis v. Wright*, hg. v. J. Nida-Rümelin, Stuttgart 1999, konzentriert sich dagegen auf das Problem der Erfahrung.

5 Mein Dank gilt an dieser Stelle dem Engagement und der Geduld aller Teilnehmer und Gäste meiner beiden Bonner Oberseminare zu Agamben. Insbesondere danke ich Carola Dorner, Peter Rehberg, Jutta Schöning und Jochen Thermann für ihre Hilfe bei der Einrichtung des Manuskripts. Für Unterstützung bei den Überarbeitungen danke ich Hildegard Schmitz und Arne Willée.

6 Vgl. Walter Benjamin, *Gesammelte Schriften*, hg. v. Rolf Tiedemann u. Hermann Schweppenhäuser, Frankfurt a.M. 1989, Bd. VII.2, S. 527 ff.

7 Vgl. Rainer Maria Kiesow, »Ius Sacrum: Giorgio Agamben und das nackte Recht«, in: *Rechtsgeschichte. Zeitschrift des Max-Planck-Instituts für europäische Rechtsgeschichte* 1 (2002), S. 56-70, sowie die kluge und kritische Rezension von Agambens *Ausnahmezustand* durch Ilse Staff in: *Rechtsgeschichte. Zeitschrift des Max-Planck-Instituts für europäische Rechtsgeschichte* 5 (2004), S. 207-215.

8 Vgl. Niels Werber, »Die Normalisierung des Ausnahmefalls. Giorgio Agamben sieht immer und überall Konzentrationslager«, in: *Merkur* 7 (2002), S. 618-622.

9 Philipp Sarasin, »Agamben – oder doch Foucault?«, in: *Deutsche Zeitschrift für Philosophie* 51 (2003), S. 348-353.

10 Hans Blumenberg, *Arbeit am Mythos*, Frankfurt a.M. 1979.

11 Agamben verfügt über erstaunliche Kenntnisse. Gesellschaftstheorie gehört nicht zu ihnen. Deshalb kann man ihm auch den Vorwurf machen, keine Theorie der Moderne zu haben. Das ist insofern richtig, als Agamben tatsächlich das Recht als gesellschafts- und geschichtsbildende Macht privilegiert. Dieter Thomä hat in seiner Analyse der

Figur des frühneuzeitlichen ›Herrenlosen‹ ein spezifisch modernes Gegenmodell zum vermeintlich universalistisch konzipierten *homo sacer* zu entwickeln versucht. »Er (d.i. der Herrenlose, E.G.) ist Produkt einer Liberalisierung von Lebensverhältnissen, die von modernen Gesellschaften *prinzipiell*, damals wie heute, betrieben wird.« Aber erstens geht es Agamben nicht um die Dialektik von Einschluss und Ausschluss, sondern um den Ursprung und die Kanonisierung dieser Dialektik in Rechtsnormen. Zweitens trifft Thomä Agambens These sehr genau, wenn er schreibt: »Der ›Herrenlose‹ tritt auf als Hauptfigur eines Lehrstücks, in dem Menschen zwischen die Stühle rechtlicher Ordnungen fallen.« Um nichts anderes als die Produktion dieses Zwischenraums durch das Recht selbst geht es bei Agamben. Vgl. Dieter Thomä, »Der Herrenlose. Gegenfigur zu Agambens *homo sacer* – Leitfigur einer anderen Theorie der Moderne«, in: *Deutsche Zeitschrift für Philosophie* 52 (2004), S. 965-984, hier S. 974.

12 Walter Benjamin, »Über den Begriff der Geschichte«, in: *Gesammelte Schriften*, a.a.O., I.2, S. 701.

13 Ebd., S. 695.

14 Walter Benjamin, *Gesammelte Schriften*, a.a.O., V.1, S. 572.

15 Georg Simmel, *Goethe*, Leipzig ^{3}1918. Benjamin hat Goethes Urphänomen im Schlusskapitel seiner Dissertation *Der Begriff der Kunstkritik in der deutschen Romantik* (1918) verhandelt. Vgl. Benjamin, *Gesammelte Schriften*, a.a.O., I.1, S. 110-119.

16 Hartmut Böhme, »Aby Warburg«, in: *Klassiker der Religionswissenschaft. Von Friedrich Schleiermacher bis Mircea Eliade,* hg. v. Axel Michels, München 1997, S. 133-157.

17 Zwischen 1924 und 1929 hat Warburg etwa 2000 Abbildungen gesammelt und seit 1924 unter wechselnden Gesichtspunkten im Laufe der Jahre neu konstelliert. Das Projekt nannte er »Mnemosyne-Atlas«.

18 Interview mit Ulrich Raulff in der *Süddeutschen Zeitung* vom 6.4.2004. Vgl. auch das Interview mit Hanna Leitgeb und Cornelia Vismann in: *Literaturen* Nr. 1/2001.

19 Vgl. Alexander García Düttmann, *Philosophie der Übertreibung*, Frankfurt a.M. 2004.

20 Friedrich Schlegel, »Athenäumsfragmente«, in: *Kritische Schriften und Fragmente*, hg. v. Ernst Behler u. Hans Eichner (Studienausgabe), Paderborn/München/Wien/Zürich 1988, Bd. II, S. 114.

21 Ebd., S. 115.
22 Ebd., S. 114.
23 Georg Wilhelm Friedrich Hegel, *Vorlesungen über die Ästhetik*, in: *Werke in 20 Bänden*, hg. v. Karl Markus Michel u. Eva Moldenhauer, Frankfurt a.M. 1970, Bd. 13, S. 94-95.
24 Vgl. *Deutsche Barockforschung*, hg. v. Richard Alewyn, Köln u. Berlin ^{2}1966.
25 Raymond Klibansky/Erwin Panofsky/Fritz Saxl, *Saturn und Melancholie. Studien zur Geschichte der Naturphilosophie und Medizin, der Religion und der Kunst*, übersetzt v. Christa Buschendorf, Frankfurt a.M. 1990 (engl. 1964).
26 Zu Heidegger vgl. Günter Figal, *Martin Heidegger zur Einführung*, Hamburg ^{4}2003.
27 Dabei beruft er sich inbesondere auf die Linguisten Ferdinand de Saussure und Emile Benveniste. Über Letzteren hatte Agamben ebenfalls ein Porträt geplant, wie er es für Warburg verfasst hat.
28 Diese *experimentum linguae* genannte Erfahrung hat für Agamben Anspruch auf das Prädikat ›transzendental‹ im Sinne mittelalterlicher Scholastik. Transzendental heißen solche Prädikate, »die jede Kategorie transzendieren, obwohl sie in jeder enthalten sind« (KuG 11).
29 Einige dieser Essays sind zwischenzeitlich als Übersetzungen der 1988 und 1991 auf Italienisch erschienenen Originale gemeinsam mit dem ursprünglich 2004 verfassten Essay »Nymphae« unter diesem Titel erschienen, hg. u. übersetzt v. Andreas Hiepko, Berlin 2005, S. 49-90.
30 Grundsätzliche philosophische Klärung dieser Deutung dürfte vor allem von den Texten Martin Heideggers zu erwarten sein, der als einer der ersten das Problem von Möglichkeit und Wirklichkeit nicht logisch, sondern ontologisch dachte.
31 In einer rekonstruierenden Lektüre des Aufsatzes von Walter Benjamins »Zur Kritik der Gewalt« hat Werner Hamacher mit dem Ausdruck ›afformativ‹ ähnlich die vorgängige Struktur eines ›Lassens‹ herausgearbeitet. Vgl. Werner Hamacher, »Afformativ, Streik«, in: *Was heißt ›Darstellen‹?*, hg. v. Christiaan L. Hart-Nibbrig, Frankfurt a.M 1994, S. 340-370.
32 Vgl. Max Kommerell, *Leben. Werk. Aktualität*, hg. v. Walter Busch u. Gerhart Pickerodt, Göttingen 2003.

33 Giorgio Agamben, *Categorie italiane: Studi di Poetica*, Venedig 1996, englische Übersetzung von Daniel Heller-Roazen, *The End of the Poem. Studies in Poetics*, Stanford 1999.

34 Seit Klopstock haben die freien Rhythmen in der deutschen Lyrik Tradition, in Frankreich ist seit Mallarmé die ungebundene Form Signatur moderner Lyrik. Als Kriterium moderner Lyrik kann deshalb nur noch das Enjambement (der Zeilensprung) gelten.

35 »Im Ursprung wird kein Werden des Entsprungenen, vielmehr dem Werden und Vergehen Entspringendes gemeint. Der Ursprung steht im Fluss des Werdens als Strudel und reißt in seine Rhythmik das Entstehungsmaterial hinein.« Walter Benjamin, *Ursprung des deutschen Trauerspiels*, in: Walter Benjamin, *Gesammelte Werke*, a.a.O., I.1, S. 226. Benjamins Buch ist bekanntlich eine harte Nuss; aber dies berühmte ist wohl auch eine der härtesten Stellen des gesamten Textes. Einen luziden Deutungsversuch hat vorgelegt Samuel Weber, »Genealogy of Modernity: History, Myth and Allegory in Benjamin's ›Origin of the German Mourning Play‹«, in: *Modern Language Notes* 106, (3.1991), S. 465-500. Als Denkfigur spielt die Schwelle aber auch in anderen Zusammenhängen bei Benjamin eine wichtige Rolle. Die Pariser Passagen sind z.B. ein Schwellenphänomen. Vgl. Winfried Menninghaus, *Schwellenkunde. Walter Benjamins Passage des Mythos*, Frankfurt a.M. 1982.

36 Das unterscheidet seinen Ansatz fundamental von den systemtheoretischen Überlegungen Luhmanns, die immer nur die Evolution von Einschluss und Ausschluss beobachten können. Die Frage nach der Genesis der autopoietischen Systeme stellt sich da natürlich nicht, denn sie funktionieren stets schon.

37 Agamben hat bisher keine Auseinandersetzung mit Rousseau vorgelegt. Das mag einerseits damit zu tun haben, dass Rousseau an den Anfang von Staat und Recht nicht die Gewalt, sondern einen glücklichen Naturzustand gesetzt hat, andererseits aber auch der Tatsache geschuldet sein, dass zu Rousseau bereits einschlägige Lektüren von solchen Autoren vorliegen, die Agamben nahe stehen, u.a. von Louis Althusser, Jacques Derrida und Paul de Man. Vgl. Louis Althusser, »Sur le *contract social*«, in: *L'impense de J.-J. Rousseau*, *Cahiers pour l'analyse* 8 (1966); Jacques Derrida, *Grammatologie*, aus dem Französischen von Hans-Jörg Rheinberger u. Hanns Zischler, Frankfurt a.M.

1974 (frz. 1967); Paul de Man, *Allegories of Reading*, New Haven u. London 1979, insbesondere Teil II »Rousseau«.

38 Vgl. Jean Starobinskis Vorwort zur französischen Gallimard-Ausgabe, Paris 1964, sowie ders., *Jean-Jacques Rousseau. La transparence et l'obstacle*, Paris 1957.

39 Zum Kontext dieser Debatten über das Recht hinaus vgl. Marcus Twellmann, *Das Drama der Souveränität. Hofmannsthal und Schmitt*, München 2004.

40 Zur rechtshistorischen Kritik seines Verfahrens vgl. Ilse Staff, a.a.O.

41 Carl Schmitt, *Politische Theologie. Vier Kapitel zur Lehre von der Souveränität*, Berlin [5]1990, S. 22.

42 Vgl. Carl Schmitt, *Legalität und Legitimität*, Berlin 1932.

43 Vgl. Eva Geulen, Agambens Politik der Nicht-Beziehung, in: Politics and Messianism. Kabbalah, Benjamin, Agamben, hg. v. Vittoria Borsò, Vivian Liska, Bernd Wittte, Würzburg 2009.

44 Agambens so ausschließliche Fokussierung auf einen Gesetzesbegriff, der im Ausnahmezustand nichts mehr vorschreibt, weckt den Verdacht, dass seine entgrenzte Auffassung des Gesetzes, der Vielfalt seiner Quellen zum Trotz, letztlich christologisch geprägt ist. Der jüdische Gesetzesbegriff kennt z.B. sehr wohl Vorschriften und operiert auch sonst etwas anders. (Vgl. Pierre Legendre, »Die Juden interpretierten verrückt«, in: *Psyche. Zeitschrift für Psychoanalyse und ihre Anwendungen*, 1.43 (1989), S. 20-38.) Ausräumen oder bestätigen könnte den Verdacht einer problematischen Vermengung der beiden Gesetzesbegriffe wohl nur eine sorgfältige Lektüre von Agambens Paulus-Buch, denn Paulus ist die Nahtstelle, an der sich jüdischer und christlicher Gesetzesbegriff begegnen und trennen. Dort scheint Agamben aber zunächst eine Position zwischen der Paulus-Lektüre Badious einerseits und der von Taubes andererseits einzunehmen. Vgl. Alain Badiou, *Paulus. Die Begründung des Universalismus*, übersetzt v. Heinz Jatho, München 2002, und Jacob Taubes, *Die politische Theologie des Paulus. Vorträge, gehalten an der Forschungsstätte der Evangelischen Studiengemeinschaft in Heidelberg, 23.-27. Februar 1987*, hg. Jan u. Aleida Assmann, München 1993, sowie Nitzan Lebovic: »The Jerusalem School: The Theopolitical Hour«, in: *New German Critique* 35 (3.2008), S. 97-120. Dass »die Homo-sacer-Idee sich gerade hinsichtlich der christlichen Passionsgeschichte als ungemein anregend« erweist, ist

den Theologen jedenfalls nicht entgangen. (Oliver Jungen in einer Tagungsrezension in der *Frankfurter Allgemeinen Zeitung* vom 5.2.2003)

45 Begriff und Konzeption des Banns verdankt Agamben weitgehend den Vorgaben von Jean-Luc Nancy in: *L'impératif catégorique*, Paris 1983.

46 Diese Bedeutungsfacette wird zusätzlich unterstützt von sprachhistorischen Zusammenhängen, die sich (zumindest in den romanischen Sprachen) zwischen dem Wort Bann und dem Verlassen (frz. *abandonner*, ital. *abbandonare*) herstellen lassen. In diesem Sinne ist der Ausdruck Bann zuerst von Jean-Luc Nancy gedeutet worden. Nancys Interpretation bezieht sich ihrerseits auf Heideggers Vorstellung von der Seinsverlassenheit zurück.

47 Vgl. Giorgio Agamben, *Bartleby oder die Kontingenz*, übersetzt v. Maria Zinfert u. Andreas Hiepko, Berlin 2002. Zu Melville vgl. auch Gilles Deleuze, »Bartleby oder die Formel«, in: ders., *Kritik und Klinik*, übersetzt v. Joseph Vogl, Frankfurt a.M. 1995, S. 94-123. Bereits 1993 erschien, von Deleuze und Agamben gemeinsam herausgegeben: *Bartleby: La formula della creazione*, Macerata 1993.

48 Franz Kafka, *Der Proceß*, in: *Kritische Ausgabe der Schriften und Tagebücher*, hg. v. Jürgen Born, Gerhart Neumann et al., Frankfurt a.M. 2002, Bd. 1, hg. v. Malcolm Pasley, S. 292.

49 Ebd., S. 294 f.

50 Die akute Emphase sollte nicht davon ablenken, dass an dieser Stelle im Übrigen auch ein ganz anderer Aufstand geprobt wird und eine recht profane ödipale Revolte statthat. Der Passus gehört ins Register von Agambens verkappter Auseinandersetzung mit dem ›Vatergesetz‹ der Dekonstruktion, insbesondere Jacques Derridas. (Vgl. unten Kapitel IV.7)

51 Giorgio Agamben, *Die Zeit, die bleibt. Ein Kommentar zum Römerbrief*, aus dem Italienischen von Davide Giuriato, Frankfurt a.M. 2006, S. 153-162.

52 Walter Benjamin, »Über den Begriff der Geschichte«, in: Gesammelte Schriften in sieben Bänden, hg. v. Rolf Tiedemann u. Hermann Schweppenhäuser, Frankfurt a.M. 1991, I.2, S. 691-704, hier: S. 694.

53 Vgl. Jacob Taubes, *Die politische Theologie des Paulus*, hg. v. Aleida u. Jan Assmann, München 1993. Ihm hat Agamben seine Studien in memoriam gewidmet (vgl. Z 13).

54 Den Gegenbeweis hat Manfred Schneider geführt in »Vom Versprechen zum Versprechen. Die Abfälle der Moderne«, in: *Reste. Umgang mit einem Randphänomen*, hg. v. Andreas Becker, Saskia Reither, Christian Spies, Bielefeld 2005.

55 Zu den Schlüsseltexten dieser Diskussion gehört u.a. Jacques Derrida, *Marx' Gespenster. Der Staat, die Schuld, die Trauerarbeit und die neue Internationale*, Frankfurt a.M. 1995.

56 Zur Einordnung Agambens in diesen weiteren Kontext vgl. Manfred Schneider, »Der Messias und die Reste. Giorgio Agambens Paulus-Lektüre«, in: *Hannah Arendt und Giorgio Agamben. Parallelen, Perspektiven, Kontroversen*, hg. v. Eva Geulen, Georg Mein, Kai Kauffmann, München 2007, S. 41-58.

57 Vgl. u.a. Alain Badiou, *Paulus. Die Begründung des Universalismus*, München 2002; Slavoj Žižek, *Die Tücke des Objekts*, Frankfurt a.M. 2001.

58 Ob diese und andere Thesen und Argumente des Buches triftig sind, müssen Theologen und Paulus-Spezialisten entscheiden. Agambens Argumentation wird hier wie an anderen Stellen nur referiert.

59 Vgl. Stellungnahmen von Petra Gehring, Susanne Lettow und Gerald Hartung im Diskussionsforum der Zeitschrift *Information Philosophie*, 2008, S. 1-7.

60 Diesen Gedanken verfolgt Agamben auch in seinem jüngsten Buch *Il sacramento del linguaggio. Archeologia del giuramento*, Rom u. Bari 2008. Allerdings wendet er sich hier wie schon in der Begriffsgeschichte des Heiligen (vgl. Kapitel IV. 4) gegen den Gelehrten-Mythos einer ursprünglichen magisch-religiösen Sphäre, dem etwa Louis Gernets Begriff eines »pré-droit« verpflichtet bleibt. Nach Agamben zeugt der Eid vielmehr von der verlorenen Erfahrung eines Logos, in dem Möglichkeiten der Benediktion und Malediktion ungeschieden enthalten sind, die als Religion und Recht getrennt verwirklicht wurden. Darum sind Religion und Recht vom Eid her neu zu denken, anstatt ihn bloß als Relikt von deren Verbindung zu betrachten.

61 Agambens Interpretation verquickt hier die Hegel'sche Dialektik mit dem Schema der figuralen Interpretation, der zufolge die Ereignisse des Alten Testaments schattenhafte Vorausdeutungen dessen sind, was sich dann zunächst in den heilsgeschichtlichen Ereignissen des Neuen Testaments erfüllt, aber seine endgültige Erfüllung erst am Ende aller

Zeiten finden wird. Vgl. Erich Auerbachs wichtigen Essay »Figura« in: ders., *Gesammelte Aufsätze zur romanischen Philologie*, Bern u. München 1967, S. 55-92.

62 Wie in der Kafka-Exegese geht es Agamben auch an dieser Stelle um eine Kritik der Dekonstruktion als »ein blockierter Messianismus, eine Suspendierung des messianischen Themas« (Z 117).

63 Michel Foucault, »Leben machen und sterben lassen. Die Geburt des Rassismus«, in: *Biomacht*, hg. v. Sebastian Reinfeldt u. Richard Schwarz, Duisburg 1992, S. 28.

64 Ebd.

65 Ebd.

66 Ebd., S. 34.

67 Ebd.

68 Ebd., S. 36.

69 Bedeutsam für Agambens eigene Analyse der Konzentrationslager ist der Umstand, dass Foucault (an den wenigen Stellen, an denen er sich dazu geäußert hat) auch den Nationalsozialismus im Zwielicht einer Vermischung von archaischer Souveränität (›Blut und Boden‹) mit einer anderen Macht verstand, die er damals noch unter den Begriff der Disziplinarmacht fasste, obwohl sich dort die Emergenz des erst später entwickelten Konzeptes der Biomacht ankündigt: »Der Nazismus war zweifellos die naivste und eben deshalb die heimtückischste Verquickung der Phantasmen des Blutes mit den Paroxysmen der Disziplinarmacht. Eine eugenische Reglementierung der Gesellschaft, die unter dem Deckmantel einer unbeschränkten Durchstaatlichung die Mikro-Mächte ausweitete und intensivierte, verband sich mit einem träumerischen Schwärmen von einem höheren Blut, das sowohl den systematischen Völkermord an anderen wie auch die Bereitschaft zur totalen Selbstaufopferung einschloß. Und die Geschichte hat es gewollt, daß die hitlerische Sexualpolitik eine lächerliche Episode geblieben ist, während sich der Mythos vom Blut in das größte Massaker verwandelte, dessen sich die Menschen bis heute erinnern können.« Michel Foucault, *Der Wille zum Wissen. Sexualität und Wahrheit I*, übersetzt v. Ulrich Raulff und Walter Seitter, Frankfurt a.M. 1983, S. 144.

70 Zur weiteren Begriffsgeschichte von Biomacht vgl. *Biopolitik und Rassismus*, hg. v. Martin Stingelin, Frankfurt a.M. 2003, zu Agamben und Foucault insbesondere den Beitrag von Thomas Lemke, »Rechts-

subjekt oder Biomasse? Reflexionen zum Verhältnis von Rassismus und Exklusion«, S. 160-183.

71 In seinem Buch *Das Offene. Der Mensch und das Tier* (ital. 2002, dt. 2003) hat Agamben dieses Modell ausschließenden Einschlusses und einschließenden Ausschlusses auf das anthropologische Urthema der Unterscheidung zwischen Mensch und Tier angewandt, die in der Antike auf eine, in der Moderne auf eine andere Weise das Wesen des Humanen herstellt. In der Moderne werde versucht, das Nicht-Humane im Menschen ab- und auszusondern, was sich als Animalisierung des Humanen äußert. In der Antike wurde umgekehrt das Animalische im Menschlichen abgesondert, was auf eine Humanisierung des Tiers hinausläuft. Beide Modelle – Agamben spricht von anthropologischen Maschinen der Menscherzeugung – »können nur dadurch funktionieren, daß sie in ihrem Innern eine Zone der Ununterschiedenheit einrichten, in der sich [...] die Verbindung zwischen dem Humanen und dem Animalischen, zwischen Mensch und Nichtmensch [...] ereignen muß.« (*Das Offene*, S. 47) Die begrifflichen und unterscheidungstheoretischen Techniken, die das Verhältnis von Mensch und Tier organisieren, lassen sich also der Unterscheidung vergleichen, die im Menschen eine Lebensform vom bloßen Leben absondert.

72 Walter Benjamin, »Zur Kritik der Gewalt«, in: *Gesammelte Schriften*, a.a.O., II.1, S. 201.

73 Ebd.

74 Ebd.

75 Ebd.

76 Eine ganz andere Konsequenz aus ähnlichen Überlegungen hat der umstrittene, an der Universität Princeton lehrende Philosoph Peter Singer gezogen. Er tritt gegen den »Rassismus der Menschenwürde« an und fordert deshalb nicht nur ein Recht für Tiere, sondern auch die Nichtanerkennung von Leben während der ersten Tage nach der Geburt, Legalisierung der Euthanasie und einiges andere mehr.

77 Benjamin, a.a.O., II.1, S. 202.

78 Ebd.

79 René Girard, *Das Heilige und die Gewalt*, aus dem Französischen von Elisabeth Mainberger-Ruh, Zürich 1987 (frz. 1972).

80 Darin ist die Figur dem vergleichbar, was Freud im Zusammenhang seiner *Traumdeutung* eine Deckerinnerung genannt hat. Deckerinnerungen sind Fiktionen, die das Unbewusste gleichsam ersatzweise herstellt, um eine unerinnerbare, traumatische Erfahrung psychisch bewältigbar zu machen.

81 Zur Diskussion um die Menschenrechte vgl. Norberto Bobbio, *Das Zeitalter der Menschenrechte*, aus dem Italienischen von Ulrich Hausmann, Berlin 1998; Paul Lauren, *The Evolution of Human Rights*, Philadelphia 2003; Michael Ignatieff, *Die Politik der Menschenrechte*, übersetzt von Ilse Utz, Hamburg 2003; Christoph Menke u. Arnd Pollmann, *Philosophie der Menschenrechte zur Einführung*, Hamburg 2007.

82 Karl Marx, »Über die Judenfrage«, in: Karl Marx u. Friedrich Engels, *Studienausgabe in 4 Bänden*, hg. v. Iring Fetscher, Frankfurt a.M. 1990, Bd. 4, S. 195.

83 Man muss sich wünschen, dass er es täte. Denn die Universalisierung der Lebensform als Alternative (vgl. Kapitel IV.6a) gibt noch keine Antwort auf das Problem politischer Partikularitäten.

84 Aufmerksamen Lesern (und Foucault-Kennern) wird nicht entgangen sein, dass sich hier ein gewisser Widerspruch abzeichnet zwischen Foucaults Definition der Biopolitik als »leben machen« und Agambens gegenläufiger Akzentuierung des Tötens. Vgl. dazu unten Kapitel IV.7d: »Hannah Arendt und Michel Foucault«.

85 Carl Schmitt, *Der Nomos der Erde im Völkerrecht des Jus Publicum Europaeum*, Berlin [4]1997, S. 47.

86 Weder Agamben noch Carl Schmitt zeigen viel Gespür für das Verhältnis von Norm, Normativität und Normalität. Ihr Rigorismus der Ausnahme ist diesbezüglich selbst exklusiv. Anders jedoch Jürgen Link, *Versuch über den Normalismus. Wie Normalität produziert wird*, Opladen 1997.

87 Deswegen ist die Behauptung von Niels Werber, Agamben sehe überall nur Konzentrationslager, schlechterdings Unsinn. Niels Werber, »Die Normalisierung des Ausnahmefalls. Giorgio Agamben sieht immer und überall Konzentrationslager«, in: *Merkur* 7 (2002), S. 618-622.

88 Reinhart Koselleck, *Kritik und Krise. Eine Studie zur Pathogenese der bürgerlichen Welt*, Frankfurt a.M. 1973.

89 Daniel Jonah Goldhagen, *Hitler's Willing Executioners. Ordinary Germans and the Holocaust*, New York 1996.

90 Giorgio Agamben, »Körper ohne Worte. Gegen die biopolitische Tätowierung«, in: *Frankfurter Allgemeine Zeitung* vom 10./11.1.2004.

91 Auch diese Formulierung geht vermutlich auf Benjamins frühen Essay *Über das Programm der kommenden Philosophie zurück* (vgl. Kapitel III).

92 Peter Sloterdijk, *Regeln für den Menschenpark. Ein Antwortschreiben zu Heideggers Brief über den Humanismus*, Frankfurt 1999. Dass weder dieser Essay noch die sich anschließende so genannte ›Debatte‹ Agamben entgangen sind, darf man angesichts dessen vermuten, dass er Sloterdijk in seinem Buch *Das Offene. Der Mensch und das Tier* zitiert (S. 86).

93 So Susanne Lüdemann in »›Geltung ohne Bedeutung‹: Zur Architektonik des Gesetzes bei Franz Kafka und Giorgio Agamben«, in: *Zeitschrift für deutsche Philologie* 124 (2005), S. 499-519. Vgl. auch dies., »Biopolitik und die Logik der Ausnahme. Zu Giorgio Agambens Konstruktion des bloßen Lebens«, in: *Das Politische. Figurenlehre des sozialen Körpers nach der Romantik*, hg. v. Uwe Hebekus, Ethel Matala de Mazza, Albrecht Koschorke, München 2004, S. 230-247.

94 Giorgio Agamben, »Jenseits der Menschenrechte«, in: *Mittel ohne Zweck. Noten zur Politik*, übersetzt v. Sabine Schulz, Freiburg 2001, S. 23-32, hier S. 31.

95 Vgl. auch Tiqqun, *Theorie vom Bloom*, übersetzt v. Urs Urban, Zürich 2003.

96 Giorgio Agamben, »Lebens-Form«, in: *Gemeinschaften. Positionen zu einer Philosophie des Politischen*, hg. v. Joseph Vogl, Frankfurt a.M. 1994, S. 253.

97 Ebd.

98 Die literarische Ikone solcher entschiedenen Unentschiedenheit, die sich dem Entscheidungszwang verweigert, ist die Bartleby-Figur aus Melvilles Erzählung *Bartleby, the Scrivener* mit seinem Satz »I would prefer not to.«

99 Trotzdem darf man an den Möglichkeiten der praktischen Umsetzbarkeit, um nicht zu sagen an der Lebbarkeit dieses Modells zweifeln. Wo Vergleichbares versucht wurde, hat sich sehr schnell gezeigt, dass es keine neue, sondern die alte Politik und oft in ihrer schlimmsten Form war. Unter den Philosophen steht für einen solchen Fall exemplarisch Martin Heideggers Verstrickung in den Nationalsozialismus während seiner Zeit als Rektor der Freiburger Universität. Eine der-

artige Probe auf die eigene Theorie zu machen bleibt Agamben und uns hoffentlich erspart. Aber an seiner eigenen Auseinandersetzung mit Heidegger, dessen Begriff des Daseins und der Faktizität Agambens ›Lebensform‹ einiges schuldet, muss sich dieses Problem der Umsetzung genauer fassen lassen (vgl. Kapitel IV.7a). Es soll auch nicht verschwiegen werden, dass die entscheidenden Sätze über die Lebens-Form in Agambens gleichnamigem kurzen Text bis in die Wortwahl hinein Heideggers Bestimmung des Daseins aus §9 von *Sein und Zeit* (ohne Anführungszeichen) zitieren. Wo bei Heidegger ›Dasein‹ steht, steht bei Agamben ›Lebensform‹.

100 Jean-Luc Nancys diesbezügliche Aufsätze sind in einer US-amerikanischen Ausgabe versammelt: *The Inoperative Community*, Minnesota 1991. Ein Aufsatz auf Deutsch: »Das gemeinsame Erscheinen. Von der Existenz des ›Kommunismus‹ zur Gemeinschaftlichkeit der ›Existenz‹, in: *Gemeinsamkeiten. Positionen zu einer Philosophie*, a.a.O., S. 167-204. Weitere Aufsätze und Beiträge zu dieser Diskussion um Gemeinschaft im Anschluss an Maurice Blanchots *La Communauté Inavouable* (Paris 1983) in: *Community at Loose Ends*, hg. v. Miami Theory Collective, Minnesota u. Oxford 1991.

101 Giorgio Agamben, »Lebens-Form«, a.a.O., S. 251.

102 Ebd., S. 255.

103 Ebd.

104 Am verständlichsten werden diese Andeutungen, wenn man einen Gedanken hinzuzieht, den Walter Benjamin mit Blick auf die Sprache formuliert hat. Die Sprache, hatte Benjamin in seinem Aufsatz *Über die Sprache überhaupt und über die Sprache des Menschen* (1916) behauptet, teilt nie nur etwas mit, sondern sie teilt Mitteilbarkeit mit, so dass stets auch die Möglichkeit der Mitteilung mitgeteilt wird. Solche Mitteilbarkeit (einer Möglichkeit) kann für Agamben mögliche Gemeinschaft stiften: »jede Kommunikation ist [...] Kommunikation der Mitteilbarkeit, nicht eines Gemeinsamen« (Giorgio Agamben, »Lebens-Form«, a.a.O., 255).

105 Giorgio Agamben, »Lebens-Form«, a.a.O., S. 256.

106 Guy Debord, *Die Gesellschaft des Spektakels*, Hamburg 1978.

107 »›Das Leben, ein Kunstwerk ohne Autor‹, Giorgio Agamben im Gespräch mit Ulrich Raulff«, in: *Süddeutsche Zeitung* vom 6.4.2004.

108 Clemens Pornschlegel, unveröffentlichtes Vortragsmanuskript, mit freundlicher Genehmigung des Autors.

109 Vgl. Hans Urs von Balthasar, *Die großen Ordensregeln*, Stuttgart [4]1994, S. 287-321.

110 Den bereits genannten Quellen ist als eine weitere wichtige der kurze, aber sehr dichte letzte Text des Philosophen Gilles Deleuze hinzuzufügen: »Die Immanenz: ein Leben ...«, in: *Gilles Deleuze. Fluchtlinien der Philosophie*, hg. u. übersetzt v. Friedrich Balke u. Joseph Vogl, München 1996, S. 29-33. Diesem Vermächtnis Deleuzes hat Agamben eine Analyse gewidmet in *Bartleby oder die Kontingenz. Die absolute Immanenz*, übersetzt v. Maria Zinfert u. Andreas Hiepko, Berlin 1998 (ital. 1996), S. 77-127.

111 Die Argumente, die Agamben im Zusammenhang mit dem Rest hervorbringt, ähneln sehr denjenigen, die er für seine Interpretation der messianischen Berufung (*klesis*) entwickelt. Die subjekttheoretischen Implikationen dieser und verwandter Begriffe entwickelt Agamben auch in seinem Auschwitz-Buch im Aspekt der Scham. Vgl. dazu Achim Geisenhanslüke, »Herr Rossi sucht das Glück. Zum Zusammenhang von Scham und Subjektivität bei Giorgio Agamben«, in: *Hannah Arendt und Giorgio Agamben. Parallelen, Perspektiven, Kontroversen*, hg. v. Eva Geulen, Kai Kauffmann, Georg Mein, München 2008, S. 265-280.

112 Vgl. beispielsweise die Ausführungen von Gilles Deleuze und Felix Guattari in: *Kafka. Für eine kleine Literatur*, Frankfurt a.M. [4]1996.

113 Jürgen Habermas, *Erläuterungen zur Diskursethik*, Frankfurt a.M. 1991; Karl-Otto Apel, *Zur Anwendung der Diskursethik in Politik, Recht und Wissenschaft*, Frankfurt a.M 1992; Judith Butler, *Kritik der ethischen Gewalt*, übersetzt v. Reiner Ansén, Frankfurt a.M. 2003.

114 Eine gute Zusammenfassung in: *›Niemand zeugt für den Zeugen‹. Erinnerungskultur nach der Shoah*, hg. v. Ulrich Baer, Frankfurt a.M. 2000.

115 Das war auch Adornos Projekt in seiner Prosa-Sammlung *Minima Moralia. Reflexionen aus dem beschädigten Leben* (1944), deren erster Satz lautet: »Die traurige Wissenschaft, aus der ich meinem Freunde einiges darbiete, bezieht sich auf einen Bereich, der für undenkliche Zeiten als der eigentliche der Philosophie galt, seit deren Verwandlung in Methode aber der intellektuellen Nichtachtung, der sententiösen Willkür und am Ende der Vergessenheit verfiel: die Lehre

vom richtigen Leben.« In: *Gesammelte Schriften*, hg. v. Rolf Tiedemann et al., Frankfurt a.M. 2003, Bd. 4, S. 13.

116 Zur problematischen Dimension dieser Ethik vgl. Alexander García Düttmann, »Schuld Sein. Übertreibung und Tatsache«; in: ders., *Philosophie der Übertreibung*, Frankfurt a.M. 2004, S. 148-174.

117 Zur Bedeutung der Literatur für Agamben vgl. u.a. Vivian Liska, »Zur Tradierbarkeit der Lücke in der Zeit. Arendt, Agamben und Kafka«, in: *Hannah Arendt und Giorgio Agamben. Parallelen, Perspektiven, Kontroversen*, hg. v. Eva Geulen, Kai Kauffmann, Georg Mein, München 2008, S. 191-206.

118 Das unter Theologen und Religionswissenschaftlern intensiv diskutierte Problem des Rests bezieht sich auf eine Stelle aus dem Propheten Jesaja (10, 20-22), in der dem Volk Israel prophezeit wird, dass nur ein Rest gerettet werden soll: »Denn wäre auch dein Volk, o Israel, wie Sand am Meer, so soll doch nur ein Rest gerettet werden.« Paulus nimmt das Motiv im Römerbrief auf (11, 5-26).

119 Dass der ›Muselmann‹ nicht nur die Wirksamkeit und den Mechanismus der Biomacht zeigen, sondern auch Protagonist einer neuen, alternativen Ethik sein könne, möchte Agamben dadurch verdeutlichen, dass dieser Unbezeugbare das Zeugnis (in dem sich Möglichkeit und Unmöglichkeit nicht mehr ausschließen) allererst ermöglicht: Eben weil »das Nicht-Menschliche und das Menschliche [...] nicht zusammenfallen, weil zwischen ihnen eine untrennbare Teilung (sic! Parallelformel zur ›entschiedenen Unentschiedenheit‹) besteht, kann es Zeugnis geben« (A 137). Weil aber die Autorität des Zeugnisses, die in der Möglichkeit der Potenz besteht, sich durch Impotenz zu bezeugen, wesentlich *»der Sprache als solcher innewohnt«*, hängt »seine Autorität *nicht von der faktischen Wahrheit ab*« (A 137, Hervorh. E.G.). Man braucht weder ein Auschwitz-Leugner zu sein noch der Gruppe jener Frömmelnden anzugehören, die Auschwitz zu einem metaphysischen Unsagbaren stilisieren, um hier das Bedürfnis nach Differenzierung zu verspüren.

120 Zur figuralen Interpretation vgl. Erich Auerbach, »Figura«, in: *Archivum Romanicum 22* (1938), S. 436-489.

121 Zu Heideggers Verhältnis zum Nationalsozialismus vgl. Dieter Thomä, »Heidegger und der Nationalsozialismus. In der Dunkel-

kammer der Seinsgeschichte«, in: *Heidegger-Handbuch*, hg. v. Dieter Thomä, Stuttgart 2003, S. 141-161.

122 Dienste muss ihm dabei ein Aufsatz von Lévinas leisten: »Quelques réflexions sur la philosophie de l'Hitlérisme«, in: *Esprit* 26 (1934), S. 199-208.

123 Vgl. auch Giorgio Agamben, »The Passion of Facticity« (P 185-204).

124 Gottfried Benn, »Einst«, in: *Sämtliche Werke* (Stuttgarter Ausgabe), hg. v. Gerhard Schuster et al., ^{2}2002, Bd. I, S. 170.

125 Jacques Derrida, *La Dissémination*, Paris 1972.

126 Theodor W. Adorno, »Minima Moralia«, in: *Gesammelte Schriften*, a.a.O., Bd. 4, S. 281.

127 Ebd.

128 Walter Benjamin, »Zur Kritik der Gewalt«, a.a.O., II.1, S. 196.

129 Ebd., S. 203.

130 Hinzuzufügen ist, dass göttliche und reine Gewalt unter Umständen gar keine Synonyme sind. Vgl. Anselm Haverkamp, »Anagrammatik der Gewalt: Benjamins Poetik der Latenz«, in: ders., *Latenz. Wissen im Nachkrieg*, Berlin 2004, S. 157-168.

131 »Was als erzieherische Gewalt in ihrer vollendeten Form außerhalb des Rechts steht, ist eine ihrer (d.i. der göttlichen Gewalt, E.G.) Erscheinungsformen.« Walter Benjamin, »Zur Kritik der Gewalt«, a.a.O., II.1, S. 200.

132 Diese Probe aufs Exempel zu machen habe ich versucht in »Erziehung als blinder Fleck bei Agamben?«, in: *Texte zur Kunst* 3 (2004), S. 105-113.

133 Walter Benjamin, »Zur Kritik der Gewalt«, a.a.O., II.1, S. 203.

134 Vgl. Giorgio Agamben, »›Pardes‹: The Writing of Potentiality«, in: *Potentialities. Collected Essays in Philosophy*, hg. u. übersetzt von Daniel Heller-Roazen, Stanford 1999, S. 205-219.

135 Vortrag und Debatte sind dokumentiert in: *Gesetzeskraft. Der ›mystische Grund der Autorität‹*, hg. v. Anselm Haverkamp, Frankfurt a.M. 1994.

136 Die seltsame Formulierung wird verwendet, weil Arendt selbst sie als Übersetzung des englischen Worts *natality* bevorzugte.

137 Vgl. *Hannah Arendt und Giorgio Agamben. Parallelen, Perspektiven, Kontroversen*, hg. v. Eva Geulen, Kai Kauffmann, Georg Mein, München 2008.

138 Philipp Sarasin, »Agamben – oder doch Foucault?«, a.a.O., S. 353.

139 Michel Foucault, »Leben machen und sterben lassen: Die Geburt des Rassismus«, in: *Biomacht*, a.a.O., S. 29.

140 Ebd., S. 45.

141 Foucaults Wendung zu den Techniken der Macht hat sich nicht nur in der methodologischen Voraussetzung niedergeschlagen, dass es kein einheitliches Zentrum der Macht gibt, sondern ineins damit auch die Möglichkeiten des Widerstands erhöht, sofern die Macht und der Widerstand gegen sie sich bedingen und die Abwesenheit eines Machtzentrums Streuungseffekte zeitigt, die auch einer Vervielfältigung der Widerstandsmöglichkeiten zugute kommen können. Aber weil Agamben die Struktur des Rechts tendenziell als monolithische Theorie der Macht konzipiert, sind seine Alternativen systematisch von einer Ambivalenz gekennzeichnet, die sich dann nur noch durch die Denkfigur des Umschlags am tiefsten Punkt auflösen lässt.

142 Die Fülle der Beiträge zu diesem Problem ist nahezu unübersehbar. Zur ersten Orientierung: *Christentum und modernes Recht. Beiträge zum Problem der Säkularisierung*, hg. v. Gerhard Dilcher u. Ilse Staff, Frankfurt a.M. 1984, darin insbesondere der Beitrag von Ilse Staff, »Zum Begriff der Politischen Theologie bei Carl Schmitt«, S. 182-210; *Religionstheorie und politische Theologie*, Bd. 1: *Der Fürst dieser Welt. Carl Schmitt und die Folgen*, hg. v. Jacob Taubes, München u.a. 1983; Friedrich Balke, *Der Staat nach seinem Ende*, München 1996. Jüngst auch *Politische Theologie. Formen und Funktionen im 20. Jahrhundert*, hg. v. Jürgen Brokoff u. Jürgen Fohrmann, Paderborn/München/Wien/Zürich 2003. Aus ganz anderer Perspektive und von einem kurzen Benjamin-Text ausgehend die Beiträge in *Kapitalismus als Religion*, hg. v. Dirk Baecker, Berlin 2003.

143 Carl Schmitt, *Politische Theologie. Vier Kapitel zur Lehre von der Souveränität*, a.a.O., S. 48.

144 Hans Blumenberg, *Die Legitimität der Neuzeit*, Frankfurt a.M. 1966, S. 41.

145 Carl Schmitt, *Politische Theologie II. Die Legende von der Erledigung jeder Politischen Theologie*, Berlin [4]1970, S. 85.

146 Allerdings hat sich Agamben im Zuge der Auseinandersetzung mit der ökonomischen Theologie (vgl. Kapitel V) unmittelbar auf diesen

Streit bezogen und sich dabei Odo Marquards These angeschlossen, dass der Streit vornehmlich dem Zweck galt, gemeinsam Front gegen die Vorherrschaft der Ökonomie zu machen, die Agamben seinerseits als zweite Hinterlassenschaft der Theologie (neben der Politik) ausweisen möchte. Vgl. Giorgio Agamben, »Ökonomische Theologie. Genealogie eines Paradigmas«, in: *Theologie und Politik*, hg. v. Bernd Witte u. Mauro Ponzi, Berlin 2005, S. 20-31, hier: S. 22ff., sowie Odo Marquard, »Aufgeklärter Polytheismus – auch eine politische Theologie?«, in: *Religionstheorie und Politische Theologie*, Bd. 1. *Der Fürst dieser Welt. Carl Schmitt und die Folgen*, hg. v. Jacob Taubes, München 1983, S. 77-84.

147 Giorgio Agamben, *Die Beamten des Himmels. Über Engel*, gefolgt von der Angelologie des Thomas von Aquin, übersetzt u. hg. v. Andreas Hiepko, Frankfurt a.M. 2007.

148 Ebd., S. 24.

149 Ebd., S. 14.

150 Claude Lefort, *Fortdauer des Theologisch-Politischen?*, Wien 1999, S. 93.

151 Ebd., S. 94.

152 »›Dem Politischen mangelt es an Symbolizität?‹«, Interview mit Jean-Luc Nancy (Andreas Wagner, Andreas Niederberger, Dietmar Köveker), in: *Information Philosophie* 4.2002, S. 33-41.

153 Vgl. zu diesem Aspekt auch die Analysen Hegels, Althussers und anderer bei Judith Butler, *Psyche der Macht. Das Subjekt der Unterwerfung*, übersetzt v. Reiner Ansén, Frankfurt a.M. 2001 (engl. 1997).

154 Vgl. Cornelia Vismann, »Legendre: Historiker, Psychoanalytiker, Jurist«, in: *Pierre Legendre. Historiker, Psychoanalytiker, Jurist*, hg. v. Cornelia Vismann et al. (= Tumult. Schriften zur Verkehrswissenschaft, Bd. 26), Berlin u. Wien 2001, S. 41-44, sowie Anton Schütz, »Thinking the Law with and against Luhmann, Legendre, Agamben«, in: *Law and Critique* 11 (2000), S. 107-136.

155 Hans Blumenberg, *Arbeit am Mythos*, Frankfurt a.M. 1987.

156 Karl Marx, *Das Kapital. Kritik der politischen Ökonomie*, in: *Marx Engels Werke*, Bd. 23, Berlin 1962, S. 85.

157 Max Weber, *Die protestantische Ethik und der Geist des Kapitalismus*, vollständige Ausgabe, hg. u. eingel. v. Dirk Kaesler, München ^{2}2006.

158 Zu dem für Agamben wichtigen Benjamin-Text über »Kapitalismus als Religion« vgl. die Beiträge des Bandes *Kapitalismus als Religion*, hg. v. Dirk Baecker, Berlin 2003.

159 Giorgio Agamben, »Ökonomische Theologie. Genealogie eines Paradigmas«, in: *Theologie und Politik. Walter Benjamin und ein Paradigma der Moderne*, hg. v. Bernd Witte u. Mauro Ponzi, Berlin 2005, S. 20-31. Dort rechnet Agamben seine Überlegungen dem »zweiten Teil von Homo Sacer« zu.

160 Giorgio Agamben, *Die Beamten des Himmels. Über Engel*, gefolgt von der Angelologie des Thomas von Aquin, übersetzt u. hg. v. Andreas Hiepko, Frankfurt a.M. 2007. Rezensiert wurde es u.a. von Sigrid Weigel (SZ, 24.12.2007), Thomas Macho (NZZ, 8.12.2007) und Hans-Peter Kunisch (DIE ZEIT, 19.12.2007).

161 Giorgio Agamben, »Ökonomische Theologie«, a.a.O., S. 20.

162 Zur Gnosis vgl. Hans Jonas, *Gnosis und spätantiker Geist*, Göttingen [4]1988.

163 Zur gegenwärtigen Diskussion über Ontologie und Politik vgl. die Beiträge in *A Leftist Ontology*, hg. v. Carsten Strathausen, Minnesota 2009.

164 Michel Foucault, *Geschichte der Gouvernementalität II. Die Geburt der Biopolitik*, hg. v. Michel Sennelart, übersetzt v. Jürgen Schröder, Frankfurt a.M. 2004.

165 Giorgio Agamben, »Ökonomische Theologie«, a.a.O., S. 30.

166 Vgl. Michel Foucault, *Dispositive der Macht. Über Sexualität, Wissen und Wahrheit*, Berlin 1978.

167 Michel Foucault, *Dits et Ecrits: Schriften*, Bd. III, Frankfurt a.M. 2003, S. 395.

168 Gilles Deleuze, »Was ist ein Dispositiv?«, in: *Spiele der Wahrheit. Michel Foucaults Denken*, hg. v. Francois Ewald und Bernhard Waldenfels, Frankfurt a.M. 1991, S. 153-162.

169 Zur Diskussion dieser Logik vgl. Judith Butler, Psyche der Macht. Das Subjekt der Unterwerfung, Frankfurt a.M. 2001.

170 Louis Althusser, Ideologie und ideologische Staatsapparate, Hamburg u. Berlin 1977, S. 108-177. Zur Diskussion vgl. Judith Butler, Psyche der Macht. Das Subjekt der Unterwerfung, Frankfurt a.M. 2001, S. 101-124.

171 Unter dem Begriff der Subjekttechnologien hat sich Michel Foucault in seinen letzten Jahren, etwa ab 1980, vor allem mit dieser Frage beschäftigt. Vgl. *Der Gebrauch der Lüste. Sexualität und Wahrheit 2*, Frankfurt a.M. [3]1993 sowie ders., mit Rux Martin, Luther H. Martin, *Technologien des Selbst*, Frankfurt a.M. 1993.

172 Walter Benjamin, »Kapitalismus als Religion«, in: ders., *Gesammelte Werke*, hg. v. Rolf Tiedemann u. Hermann Schweppenhäuser, Band IV, Frankfurt a.M. 1985, S. 100-103. Als wichtiger Bezugspunkt für Agambens Gegenwartsdiagnostik ist im Übrigen auch Guy Debord zu nennen.

173 Agamben ist übrigens nicht der Einzige, der den Begriff der Profanierung kulturtheoretisch fruchtbar gemacht hat. Vgl. Boris Groys, *Über das Neue. Versuch einer Kulturökonomie*, München 1992 sowie ders., *Logik der Sammlung. Am Ende des musealen Zeitalters*, München 1997.

Siglenverzeichnis

A	Was von Auschwitz bleibt. Das Archiv und der Zeuge (Homo sacer III), dt. 2003.
AZ	Ausnahmezustand (Homo Sacer II.1), dt. 2004.
IP	Idee der Prosa, dt. 1987.
HS	Homo sacer. Die souveräne Macht und das nackte Leben, dt. 2002.
KG	Die kommende Gemeinschaft, dt. 2003.
KuG	Kindheit und Geschichte. Zerstörung und Erfahrung und Ursprung der Geschichte, dt. 2004.
N	Language and Death. The Place of Negativity, engl. 1991.
ÖT	Ökonomische Theologie. Genealogie eines Paradigmas, 2005.
P	Potentialities. Collected Essays in Philosophy, engl. 1999.
Z	Die Zeit, die bleibt. Ein Kommentar zum Römerbrief, dt. 2006.

Literatur

Texte von Agamben (Auswahl)

1. Bücher in deutscher Übersetzung

Ausnahmezustand (= Homo sacer II.1), übersetzt v. Ulrich Müller-Schöll, Frankfurt a.M. 2004 (ital. 2003).

Bartleby oder die Kontingenz, gefolgt von *Die absolute Immanenz*, übersetzt v. Maria Zinfert u. Andreas Hiepko, Berlin 1998 (ital. 1993).

Die Beamten des Himmels. Über Engel, gefolgt von der Angelologie des Thomas von Aquin, hg. u. übersetzt v. Andreas Hiepko, Frankfurt a.M. 2007.

Die Erzählung und das Feuer, übersetzt v. Andreas Hiepko, Frankfurt a.M. 2016 (ital. 2014). (Ankündigung)

Das Geheimnis des Bösen. Benedikt XVI. und das Ende der Zeiten, übersetzt v. Andreas Hiepko, Berlin 2015 (ital. 2013).

Herrschaft und Herrlichkeit. Zur theologischen Genealogie von Ökonomie und Regierung (Homo Sacer II.2), übersetzt v. Andreas Hiepko, Berlin 2010 (ital. 2007).

Höchste Armut. Ordensregeln und Lebensform (Homo Sacer IV.1), übersetzt v. Andreas Hiepko, Frankfurt a.M. 2012.

Homo sacer. Die souveräne Macht und das nackte Leben, übersetzt v. Hubert Thüring, Frankfurt a.M. 2002 (ital. 1995).

Idee der Prosa, übersetzt v. Dagmar Leupold u. Clemens Carl Härle, München 1987 (ital. 1985).

Kindheit und Geschichte. Zerstörung der Erfahrung und Ursprung der Geschichte, übersetzt v. Davide Giuriato, Frankfurt a.M. 2004 (ital. 1978).

Kirche und Reich, übersetzt v. Armin Linke, Berlin 2012 (ital. 2010).

Die kommende Gemeinschaft, übersetzt v. Andreas Hiepko, Berlin 2003 (ital. 2001).

Leviathans Rätsel, übersetzt v. Paul Silas Peterson, hg. v. Friedrich Hermani, Tübingen 2014 (engl. 2013).

Die Macht des Denkens. Gesammelte Essays, übersetzt v. Francesca Raimondi, Frankfurt a.M. 2013 (ital. 2005).

Der Mensch ohne Inhalt, übersetzt v. Anton Schütz, Berlin 2012 (ital. 1970).

Mittel ohne Zweck. Noten zur Politik, übersetzt v. Sabine Schulz, Zürich 2001 (ital. 1996).

Nackheiten, übersetzt v. Andreas Hiepko, Frankfurt a.M. 2010 (ital. 2009).

Nymphae, hg. u. übersetzt v. Andreas Hiepko, Berlin 2005 (ital. 2007).

Das Offene. Der Mensch und das Tier, übersetzt v. Davide Giuriato, Frankfurt a.M. 2003 (ital. 2002).

Opus Dei. Archäologie des Amts, übersetzt v. Michael Hack, Frankfurt a.M. 2013 (ital. 2005).

Pilatus und Jesus, übersetzt v. Andreas Hiepko, Berlin 2014 (ital. 2013).

Profanierungen, übersetzt v. Marianne Schneider, Frankfurt a.M. 2005 (ital. 2005).

Das Sakrament der Sprache. Eine Archäologie des Eides (Homo Sacer II.3), übersetzt v. Stefanie Günther, Berlin 2010 (ital. 2008).

Signatura rerum. Über die Methode, übersetzt v. Anton Schütz, Frankfurt a.M. 2009 (ital. 2008).

Die Sprache und der Tod. Ein Seminar über den Ort der Negativität, übersetzt v. Andreas Hiepko, Frankfurt a.M. 2008 (ital. 1982).

Stanzen, übersetzt v. Eva Zwischenbrugger, Zürich 2005 (ital. 1977).

Was ist ein Dispositiv?, übersetzt v. Andreas Hiepko, Zürich 2008 (ital. 2006).

Was von Auschwitz bleibt. Das Archiv und der Zeuge (= Homo sacer III), übersetzt v. Stefan Monhardt, Frankfurt a.M. 2003 (ital. 1998).

Die Zeit, die bleibt. Ein Kommentar zum Römerbrief, übersetzt v. Davide Giuriato, Frankfurt a.M. 2006 (ital. 2000).

2. Aufsätze, Zeitungsartikel und Interviews auf Deutsch

»Archäologie des Befehls«, in: *Politik und Religion. Zur Diagnose der Gegenwart*, hg. v. Friedrich Wilhelm Graf u. Heinrich Meier, München 2013, S. 241–258.

»Einleitende Bemerkung zum Begriff der Demokratie«, in: *Demokratie? Eine Debatte*, übersetzt v. Tilman Vogt, Berlin 2012 (franz. 2009), S. 9–12.
»Der Gewahrsam. Ausnahmezustand der Weltordnung«, in: *Frankfurter Allgemeine Zeitung* vom 19.3.2003.
»Körper ohne Worte. Gegen die biopolitische Tätowierung«, in: *Süddeutsche Zeitung* vom 10.1.2004.
»Lebens-Form«, hg. u. übersetzt v. Joseph Vogl, in: *Gemeinschaften. Positionen zu einer Philosophie des Politischen*, Frankfurt a.M. 1994, S. 251-257.
»Noten zur Geste«, in: *Postmoderne und Politik*, hg. v. Jutta Georg-Lauer, Tübingen 1992, S. 97-107.
»Ökonomische Theologie. Genealogie eines Paradigmas«, in: *Theologie und Politik. Walter Benjamin und ein Paradigma der Moderne*, hg. v. Bernd Witte u. Mauro Ponzi, Berlin 2005, S. 20-31.
»Ostern in Ägypten«, in: *Der Nomos der Moderne. Die politische Philosophie Giorgio Agambens*, hg. v. Daniel Loick, Baden-Baden 2011, S. 213–216.
»Pardes. Die Schrift der Potenz«, übersetzt v. Giorgio Giacomazzi, in: *Die Ethik der Gabe*, hg. v. Michael Wetzel, Berlin 1993, S. 3-17.
»Terrorisme ou tragi-comédie?«, übersetzt v. Martien Rueff, in: *Libération* vom 19.11.2008.
»Das unsagbare Mädchen«, in: ders./Monica Ferrando, *Das unsagbare Mädchen. Mythos und Mysterium der Kore*, übersetzt v. Michael Hack, Frankfurt a.M. 2012 (ital. 2010).
»Ursprung und Vergessen. Mythisches Sprechen und literarisches Sprechen«, in: Victor Segalen, *Tote Stimmen. Maori-Musik*, gefolgt von Giorgio Agamben, *Ursprung und Vergessen*, hg. v. Maria Zinfert, Berlin 2006, S. 58-79.
»Wahrheit als Irrsal«, in: *Das Irrsal hilft*, hg. v. Rainer Maria Kiesow u. Henning Schmidgen, Berlin 2004, S. 7-14.
»Wiederholung und Stillstellung. Zur Kompositionstechnik der Filme Guy Debords«, übersetzt v. Jürgen Blasius, in: *Documenta = Documents 2*, hg. v. Jean Christophe Bailly, Catherine David u. Paul Virilio, Ostfildern-Ruit 1997, S. 68-75.
Interview mit Beppe Caccia, in: *Jungle World* Nr. 2/2001 vom 4.7.2001.
Interview mit Cornelia Vismann u. Hanna Leitgeb, in: *Literaturen* Nr. 1/2001, S. 17-22.

Interview mit Ulrich Raulff, in: *Süddeutsche Zeitung* vom 6.4.2004.
Interview mit Guido Kalberer u. René Scheu, in: *Tages-Anzeiger* vom 27.8.2004.
Interview mit Hanna Leitgeb und Cornelia Vismann, in: *Cicero* vom 4.10. 2010.
Interview mit Dirk Schümer, in: *Frankfurter Allgemeine Zeitung* vom 24. 5.2013.
Interview mit Juliette Cerf, übersetzt v. Jordan Skinner, in: *Versobooks. com* vom 17.6.2014 (englisch, online: http://www.versobooks.com/blogs/1612-thought-is-the-courage-of-hopelessness-an-interview-with-philosopher-giorgio-agamben, Aufruf 23.1.2016)
Interview mit Iris Radisch, in: *Die Zeit* vom 10.9.2015, übersetzt v. Andreas Hiepko.

3. Bücher in englischer Übersetzung (bislang nicht ins Deutsche übersetzt)

The End of the Poem. Studies in Poetics, übersetzt v. Daniel Heller-Roazen, Stanford 1999 (ital. 1996).
Potentialities. Collected Essays in Philosophy, hg. u. übersetzt v. Daniel Heller-Roazen, Stanford 1999 (ital. 1975-1998).

Ausgewählte Literatur zu Agamben

Abbott, Mathew, *The Figure of this World. Agamben and the Question of Political Ontology*, Edinburgh 2014.
Assheuer, Thomas, »Das nackte Leben« in: *Die Zeit* vom 1.7.2004.
Attell, Kevin, *Giorgio Agamben. Beyond the Treshold of Deconstruction*, New York 2014.
Baecker, Dirk (Hg.), *Kapitalismus als Religion*, Berlin 2003.
Böckelmann, Janine/Meier, Frank (Hg.), *Die gouvernementale Maschine. Zur politischen Philosophie Giorgio Agambens*, Hamburg 2007.
Borsò, Vittoria/Liska, Vivian/Witte, Bernd (Hg.), *Politics and Messianism: Kabbalah, Benjamin, Agamben*, Würzburg 2009.
Brokoff, Jürgen/Fohrmann, Jürgen (Hg.), *Politische Theologie. Formen und Funktionen im 20. Jahrhundert*, Paderborn 2003.

Buch, Robert, »Seeing the Impossibility of Seeing or the Visibility of the Undead: Giorgio Agamben's Gorgon« in: *The Germanic Review* 82.2 (2007), S. 179-196.

Calarco, Matthew, »Death and Mourning – On the Borders of Language and Death: Agamben and the Question of the Animal«, in: *Philosophy Today* 44 (2000), S. 91-96.

Chardel, Pierre-Antoine, »L'éthique du témoignage: Réflexions à partir de Primo Levi et Giorgio Agamben«, in: *Symposium: Journal of the Canadian Society for Hermeneutics and Postmodern Thought* 10 (2006), S. 587-610.

Cohen, Josh, »A different Insignificance; The Poet and the Witness«, in: *Paragraph 25* (2002), S. 36-51.

Colebrook, Claire/Maxwell, Jason, *Agamben*, New York 2015.

De Caroli, Steven D., »Visibility and History: Giorgio Agamben and the Exemplary«, in: *Philosophy Today* 45.5 (2001), S. 9-17.

Deuber-Mankowsky, Astrid, »Homo sacer, das bloße Leben und das Lager. Anmerkungen zu einem erneuten Versuch einer Kritik der Gewalt«, in: *Die Philosophin. Forum für feministische Theorie und Philosophie* 25 (2002), S. 95-114.

Dickinson, Colby/Kotsko, Adam, *Agamben's Coming Philosophy. Finding a New Use for Theology*, New York u.a. 2015.

Diefenbach, Katja, »Den wirklichen Ausnahmezustand herbeiführen. Macht der Ausnahme bei Agamben, Macht des Vermögens bei Negri«, in: *Andersheit, Fremdheit, Exklusion*, hg. v. Bernd Heiter u. Christian Kupke, Berlin 2009, S. 153–166.

Dillon, Brian, »The Carcass of Time«, in: *Oxford Literary Review* 19 (1997), S. 83ff.

Dillon, Michael, »Cared to Death. The Biopoliticised Time of Your Life«, in: *Foucault Studies* 2 (2005), S. 37-46.

Doussan, Jenny, *Time, Language and Visuality in Agamben's Philosophy*, Basingstoke u.a. 2013.

Durantaye, Leland de la, *Giorgio Agamben. A Critical Introduction*, Stanford 2009.

Düttmann, Alexander Garcia, »Schuld Sein. Übertreibung und Tatsache«, in: ders., *Philosophie der Übertreibung*, Frankfurt a.M. 2004, S. 148-174.

Esposito, Roberto, *Living Thought. The Origins and Actuality of Italian Philosophy*, übersetzt v. Zakiya Hanafi, Stanford 2012 (ital. 2010).

Fabbri, Lorenzo, »Chronotopologies of the Exception. Agamben and Derrida before the Camps«, in: *Diacritics* 39.3 (2009), S. 77-95.

Fiser, Adam, »A Life beyond Law: Remnants of Auschwitz«, in: *Space and Culture* 5.1 (2002), S. 75-78.

Frost, Tom (Hg.), *Giorgio Agamben. Legal, Political and Philosophical Perspectives*, London u.a. 2013.

Gehring, Petra/Kadi, Ulrike (Hg.), *Journal Phänomenologie* 18 (2002); Schwerpunkt: »Biopolitik – Giorgio Agambens lange, dunkle Linien«.

Dies./Hartung, Gerald/Lettow, Susanne, »Meisterdenker Agamben?«, in: *Information Philosophie* 4 (2008), S. 1-7.

Genovese, Rino, »L'impossibile comunità: Una critica di Nancy e Agamben«, in: *La Società degli Individui: Quadrimestrale di teoria sociale e storia delle idee* 25 (2006), S. 27-36.

Geulen, Eva, »Erziehung als blinder Fleck bei Agamben«, in: *Texte zur Kunst* 53 (2004), S. 104-113.

Dies., »Nacktes Leben/Bare Life«, in: *Texte zur Kunst* 66 (2007), S. 102-107.

Dies./Kauffmann, Kai/Mein, Georg (Hg.), *Giorgio Agamben und Hannah Arendt. Parallelen, Perspektiven, Kontroversen*, München 2008.

Dies., »Agambens Politik der Nicht-Beziehung«, in: *Politics and Messianism: Kabbalah, Benjamin, Agamben*, hg. v. Vittoria Borsò, Vivian Liska u. Bernd Witte, Würzburg 2009.

Dies., »Wirklichkeiten, Möglichkeiten und Unmöglichkeiten. Zum Problem der Lebensform bei Giorgio Agamben und Theodor W. Adorno«, in: *Modern Language Notes* 125.3 (2010), S. 642-660.

Görling, Reinhold, »Unbestimmtheitszonen. Für eine Kulturwissenschaft des 21. Jahrhunderts« (mit einem Blick auf Coetzee und Agamben), in: *Kulturrevolution – Zeitschrift für angewandte Diskurstheorie* 45-46 (2003), S. 32-38.

Gustafsson, Henrik/Grønstad, Asbjørn (Hg.), *Cinema and Agamben. Ethics, Biopolitics and the Moving Image*, New York u.a. 2014.

Haverkamp, Anselm, »Das Betriebsgeheimnis der europäischen Demokratie. Giorgio Agambens Homo sacer – Anmerkungen zu einem lebenswichtigen Buch«, in: *Literaturen* Nr. 1/2001, S. 23-25.

Ders., »Anagrammatik der Gewalt: Benjamins Poetik der Latenz«, in: ders., *Latenzzeit. Wissen im Nachkrieg*, Berlin 2004, S. 157-168.

Hardt, Michael/Negri, Antonio, *Empire*, Cambridge u. London 2000.

Hebekus, Uwe/Matala de Mazza, Ethel/Koschorke, Albrecht (Hg.), *Das Politische. Figurenlehre des sozialen Körpers nach der Romantik*, München 2004.

Heins, Volker, »Giorgio Agamben and the Current State of Affairs in Humanitarian Law and Human Rights Policy«, in: *German Law Journal* Vol. 6, Nr. 5 (2005), S. 845-860.

Ders., »Der Ernstfall der Menschenrechte. Eine Kritik an Agamben«, in: *WestEnd. Neue Zeitschrift für Sozialforschung*, 1/2005, S. 142-152.

Heller-Roazen, Daniel, »Editor's Introduction: To Read What Was Never Written«, in: Giorgio Agamben, *Potentialities. Collected Essays in Philosophy*, hg. u. übersetzt v. dems., Stanford 1998, S. 1-26.

Hillyer, Aaron, *The Disappearance of Literature. Blanchot, Agamben and the Writers of the No*, New York u.a. 2013.

Jäger, Lorenz »Wie kann man für den Nicht-Menschen sprechen«, in: *Frankfurter Allgemeine Zeitung* vom 1.10.2003.

Johansen, Nicolay B., »Governing the Funnel of Expulsion. Agamben, the Dynamics of Force, and Minimalist Biopolitics«, in: *The Borders of Punishment. Migration, Citizenship and Social Exclusion*, hg. v. Katja Franko Aas u. Mary Bosworth 2013, S. 257-272.

Kiesow, Rainer Maria, »Ius Sacrum: Giorgio Agamben und das nackte Recht«, in: *Rechtsgeschichte. Zeitschrift des Max-Planck-Instituts für europäische Rechtsgeschichte* 1 (2002), S. 56-70.

Kishik, David, *The Power of Life. Agamben and the Coming Politics*, Stanford 2012.

Klein, Reimar, »Experimentum linguae. Zum Denken Giorgio Agambens«, in: *Idee der Prosa*, übersetzt v. Dagmar Leupold u. Clemens Carl Härle, Frankfurt a.M. 2002, S. 153-171.

Klepp, Silja, *Europa zwischen Grenzkontrolle und Flüchtlingsschutz. Eine Ethnographie der Seegrenze auf dem Mittelmeer*, Bielefeld 2011.

Kunisch, Hans-Peter, »Wo dunkel und hell sich treffen«, in: *Die Zeit* vom 19.12.2007.

Kurotschka, Vanna G., »Lebensform, nacktes Leben. Untätigkeit ohne Werk«, in: *Deutsche Zeitschrift für Philosophie* 52 (2004), S. 929-941.

LaCapra, Dominick, »Approaching Limit Events: Siting Agamben«, in: *Writing the Disaster. Essays in Representation and the Holocaust*, hg. v. Michael Bernard-Donals u. Richard Glejzer, Wisconsin 2003, S. 262-304.

Laqueur, Walter, »Der Notstand ist da. Giorgio Agamben verkennt den Terror«, in: *Frankfurter Allgemeine Zeitung* vom 23.4.2003.

Lechte, John/Newman, Paul, *Agamben and the Politics of Human Rights. Statelessness, Images, Violence*, Edingburgh 2013.

Lemke, Thomas, »Rechtssubjekt oder Biomasse? Reflexionen zum Verhältnis von Rassismus und Exklusion«, in: *Biopolitik und Rassismus*, hg. v. Martin Stingelin, Frankfurt a.M. 2003, S. 160-183.

Ders., »Die Regel der Ausnahme: Giorgio Agamben über Biopolitik und Souveränität«, in: *Deutsche Zeitschrift für Philosophie* 52 (2004), S. 943-963.

Lewis, Tyson E., »The Fundamental Ontology of Study«, in: *Educational Theory* 64.2 (2014), S. 163-178.

Liska, Vivian, »The Legacy of Benjamin's Messianism: Giorgio Agamben and Other Contenders«, in: *A Companion to the Works of Walter Benjamin*, hg. v. Rolf J. Goebel, Rochester 2009, S. 195-215.

Dies., »Sprache und Gesetz im Messianismus Walter Benjamins und Giorgio Agambens«, in: *Möglichkeitsdenken. Utopie und Dystopie in der Gegenwart*, hg. v. Wilhelm Voßkamp, Paderborn 2013, S. 137-155.

Dies., »Gesetzlose Erbschaft. Hannah Arendt und Giorgio Agamben«, in: *Hannah Arendt zwischen den Disziplinen*, hg. v. Ulrich Baer, Göttingen 2014, S. 183-195.

Loick, Daniel (Hg.), *Der Nomos der Moderne. Die politische Philosophie Giorgio Agambens*, Baden-Baden 2011.

Lüdemann, Susanne, »Biopolitik und die Logik der Ausnahme. Zu Giorgio Agambens Konstruktion des bloßen Lebens«, in: *Das Politische. Figurenlehre des sozialen Körpers nach der Romantik*, hg. v. Uwe Hebekus, Albrecht Koschorke u. Ethel Matala de Mazza, München 2004, S. 230-247.

Dies., »Geltung ohne Bedeutung: Zur Architektonik des Gesetzes bei Franz Kafka und Giorgio Agamben«, in: *Zeitschrift für deutsche Philologie* 4 (2005).

Macho, Thomas, »Gegenwärtige Engel. Andrei Pleu und Giorgio Agamben versuchen sich in Angelologie«, in: *Neue Zürcher Zeitung* vom 8.10.2007.

Marchart, Oliver, »Politische Differenz ohne Politik: Giorgio Agamben«, in: ders., *Die politische Differenz. Zum Denken des Politischen bei Nancy, Lefort, Badiou, Laclau und Agamben*, Berlin 2010.

Margaroni, Maria, »Care and Abandonment. A Response to Mika Ojakanga's ›Impossible Dialogue on Bio-power: Agamben and Foucault‹«, in: *Foucault Studies* 2 (2005), S. 29-36.

Menke, Bettine, »Die Zonen der Ausnahme. Giorgio Agambens Umschrift Politischer Theologie«, in: *Politische Theologie. Formen und Funktionen im 20. Jahrhundert*, hg. v. Jürgen Brokoff u. Jürgen Fohrmann, Paderborn 2003, S. 131-152.

Mex, Susanne, »Tod der Stimme (voce) – Stimme (voce) des Todes: Zu Giorgio Agamben: Il linguaggio e la morte«, in: *Romanistische Zeitschrift für Literaturgeschichte/Cahiers d'histoire des littératures Romanes*, 14.3 (1990), S. 334-349.

Morgan, Alastair, »Petrified Life: Adorno and Agamben«, in: *Radical Philosophy: A Journal of Socialist and Feminist Philosophy* 141 (2007), S. 23-32.

Nikolopoulou, Kalliopi, »Towards an Archeology of Biopolitics«, in: *SubStance* 29.3 (2000), S. 124-131.

Norris, Andrew, »Giorgio Agamben and the Politics of the Living Dead«, in: *Diacritics* 30.4 (2000), S. 38-58.

Ders. (Hg.), *Politics, Metaphysics, and Death. Essays on Giorgio Agamben's Homo Sacer*, Durham/London 2005.

Oberprantacher, Andreas, »Génélycologie. Auf der Fährte von Hobbes' Leviathan in Foucaults und Agambens Analytiken der Macht«, in: *Unbedingte Demokratie. Fragen an die Klassiker neuzeitlichen politischen Denkens*, hg. v. Reinhard Heil, Andreas Hetzel u. Dirk Hommrich, Baden-Baden 2011, S. 31-54.

Ojakangas, Mika, »Impossible Dialogue on Bio-power. Agamben and Foucault«, in: *Foucault Studies* 2 (2005), S. 5-28.

Ders., »The End of Bio-power? A Reply to My Critics«, in: *Foucault Studies* 2 (2005), S. 47-53.

Pan, David, »Against Biopolitics: Walter Benjamin, Carl Schmitt, and Giorgio Agamben on Political Sovereignty and Symbolic Order«, in: *The German Quarterly* 82.1 (2009), S. 42–62.

Platthaus, Andreas, »Im Bann des Suchscheinwerfers Philosophie«, in: *Frankfurter Allgemeine Zeitung* vom 19.3.2002.

Prozorov, Sergej V., *Agamben and politics. A critical introduction*, Edinburgh 2014.

Rasch, William, »A completely New Politics, or, Excluding the Political? Agamben's Critique of Sovereignty«, in: *Soziale Systeme* 8.1 (2002), S. 38-53.

Raulff, Ulrich, »Treblinka der Tiere«, in: *Süddeutsche Zeitung* vom 26.10.2002.

Ritter, Henning, »Hat Giorgio Agamben recht? Supersingularität«, in: *Frankfurter Allgemeine Zeitung* vom 7.8.2002.

Rother, Ralf, »Das Lager als Paradigma. Potentialität und Aktualität des Politischen bei Giorgio Agamben«, in: *Zonen. Fünf Essays zur Kritik des Lagers*, hg. v. Michaela Schweighart, Wien 2009, S. 69-79.

Ruda, Frank, »Heideggerscher Vitalismus«, in: *Deutsche Zeitschrift für Philosophie* 59.4 (2011), S. 640-645.

Ruf, Oliver, »Abseits der Norm. Zur Denkfigur der Ausnahme bei Agamben und Kafka«, in: *Comparatio* 3.1 (2011), S. 75-96.

Salzani, Carlo, »In a messianic gesture. Agamben's Kafka«, in: *Philosophy and Kafka*, hg. v. Moran Brendan u. Carlo Salzani, Lanham u.a. 2013, S. 261-281.

Samsonow, Elisabeth von, »Opfer ohne Wert? Kritik der Begriffe Lager/camp und ›homo sacer‹«, in: *Zonen. Fünf Essays zur Kritik des Lagers*, hg. v. Michaela Schweighart, Wien 2009, S. 27-37.

Santner, Eric, *On Creaturely Life: Rilke, Benjamin, Sebald*, Chicago 2006.

Sanyal, Debarati, »A Soccer Match in Auschwitz: Passing Culpability in Holocaust Criticism«, in: *Representations* 79 (2002), S. 1-27.

Sarasin, Philipp, »Agamben – oder doch Foucault?«, in: *Deutsche Zeitschrift für Philosophie* 51 (2003), S. 348-353.

Schellmann, Maximilian, *Lampedusa und die Logik des Lagers. Eine ethnographische Untersuchung*, Saarbrücken 2013. (book-on-demand)

Scheu, Johannes, »Überleben in der Leere – Giorgio Agamben«, in: *Kultur. Theorien der Gegenwart*, hg. v. Stephan Moebius u. Dirk Quadflieg, Wiesbaden 2006, S. 350-362.

Ders., »Giorgio Agamben. Über die Philosophie des nackten Lebens«, in: *Zibaldone* 51 (2011), S. 79-94.

Ders., »Der blinde Fleck: Biopolitik, Staatsrassismus und Gouvernementalität bei Michel Foucault und Giorgio Agamben«, in: *Gouvernementalität, Staat und Weltgesellschaft. Studien zum Regieren im Anschluss an Foucault*, hg. v. Andreas Vasilache, Wiesbaden 2014, S. 59-82.

Schings, Hans-Jürgen, »Es zählt nur die Papierform. Giorgio Agambens Idee der Prosa«, in: *Frankfurter Allgemeine Zeitung* vom 18.3.2003.
Schmitt, Eleonore, »Europa jenseits der Nationalstaaten. Der Flüchtling bei Hannah Arendt und Giorgio Agamben«, in: *Exil-Lektüren. Studien zu Literatur und Theorie*, hg. v. Doerte Bischoff, Miriam N. Reinhard, Claudia Röser u. Sebastian Schirrmeister, Berlin 2014, S. 80-91.
Schneider, Manfred, »Der Messias und die Reste«, in: *Giorgio Agamben und Hannah Arendt. Parallelen, Perspektiven, Kontroversen*, hg. v. Eva Geulen, Kai Kauffmann u. Georg Mein, München 2008, S. 28-40.
Schödlbauer, Ulrich, »Coverversion. Giorgio Agamben und die Seinen«, in: *Iablis. Jahrbuch für europäische Prozesse* 5 (2006), S. 295-309.
Schönknecht, Hans-Joachim, *Die Verweigerung der Vernunft: Untersuchungen zum Denken von Friedrich Nietzsche, Giorgio Agamben, Benedetto Croce*, Norderstedt 2006.
Schulze Wessel, Julia, »Vom Lager zur Grenze: Giorgio Agamben über Ausnahmeräume und Flüchtlinge«, in: *Migration, Asyl und (post-)migrantische Lebenswelten in Deutschland. Bestandsaufnahme und Perspektiven migrationspolitischer Praktiken*, hg. v. Miriam Aced, Tamer Düzyol, Rüzgar Arif u. Christian Schaft, Berlin u.a. 2014, S. 11-28.
Schütz, Anton, »Thinking the Law with and against Luhmann, Legendre, Agamben«, in: *Law and Critique* 11 (2000), S. 107-136.
Schwarte, Ludger/Wulf, Christoph (Hg.), *Körper und Recht. Anthropologische Dimensionen der Rechtsphilosophie*, Paderborn 2003.
Snoek, Anke, *Agamben's joyful Kafka. Finding freedom beyond subordination*, New York/London 2014.
Staff, Ilse, »Niemandsland«, in: *Rechtsgeschichte. Zeitschrift des Max-Planck-Instituts für europäische Rechtsgeschichte* 5 (2004), S. 207-215.
Steinhauer, Fabian, »Gestaltung des Rechts. Giorgio Agamben«, in: *Neue Theorien des Rechts*, hg. v. Sonja Buckel, Ralph Christensen u. Andreas Fischer-Lescano, Stuttgart 2006, S. 187-211.
Stingelin, Martin (Hg.), *Biopolitik und Rassismus*, Frankfurt a.M. 2003.
Strecker, Christian, »Schwellendenken. Zur liminalen Philosophie und Pauluslektüre Giorgio Agambens«, in: *Paulus unter den Philosophen*, hg. v. Christian Strecker u. Joachim Valentin, Stuttgart 2013, S. 207-278.
Svirsky, Marcello (Hg.), *Agamben and Colonialism*, Edinburgh 2012.
Tho, Tzuchien, »Politics and the Void: Giorgio Agamben and Slavoj Žižek on the State of Emergency«, in: *Philosophy against Empire (Radi-*

cal Philosophy Today) 4 (2006), hg. v. Tony Smith u. Harry van der Linden, S. 139-154.

Thomä, Dieter, »Der Herrenlose. Gegenfigur zu Agambens homo sacer – Leitfigur einer anderen Theorie der Moderne«, in: *Deutsche Zeitschrift für Philosophie* 52 (2004), S. 965-984.

Tiqqun, *Theorie vom Bloom*, übersetzt v. Urs Urban, Zürich 2003.

Vasilache, Andreas, »Die prekäre große Grenze. Souveränität bei Giorgio Agamben«, in: ders., *Der Staat und seine Grenzen. Zur Logik politischer Ordnung*, Frankfurt a.M. 2007, S. 249-322.

Vaughan-Williams, Nick, »›We are not animals!‹ Humanitarian border security and zoopolitical spaces in Europe«, in: *Policital Geography* 45 (2015), S. 1-10.

Vinghi, F., »Pasolini and Exclusion: Žižek, Agamben and the Modern Sub-Proletariat«, in: *Theory, Culture and Society* 20 (2003), S. 99-122.

Vismann, Cornelia, »Rechte des Lebendigen. Der Leib als politisches Material«, in: *Süddeutsche Zeitung* vom 27.4.2004.

Vogt, Erik M., *Zugänge zur philosophischen Ästhetik: Lacoue-Labarthe, Derrida, Hofmannsthal, Žižek, Sartre, Agamben*, Wien 2003.

Wall, Thomas Carl, *Radical Passivity: Lévinas, Blanchot and Agamben*, New York 1999.

Watkin, William, *Agamben and Indifference. A Critical Overview*, London u.a. 2014.

Weidner, Daniel, »›Nichts der Offenbarung‹, ›inverse‹ und ›unanständige‹ Theologie. Kafkaeske Figuren des Religiösen bei Adorno, Benjamin, Scholem und Agamben«, in: *Kafka und die Religion in der Moderne*, hg. v. Manfred Engel, Würzburg 2014, S. 155-175.

Weigel, Sigrid, »Der Märtyrer und der Souverän. Szenarien eines modernen Trauerspiels, gelesen mit Walter Benjamin und Carl Schmitt«, in: *Martyrdom in Literature, Visions of Death and Meaningful Suffering in Europe and the Middle East from Antiquity to Modernity*, hg. v. Friederike Pannewick, Wiesbaden 2004, S. 63-73.

Dies., »Zwischen Gott und Mensch«, in: *Süddeutsche Zeitung* vom 24. 12.2007.

Weiß, Martin G., »Giorgio Agambens anthropologische Maschine«, in: *Journal Phänomenologie* 18 (2002), S. 7-13.

Werber, Niels, »Die Normalisierung des Ausnahmefalls. Giorgio Agamben sieht immer und überall Konzentrationslager«, in: *Merkur* 7 (2002), S. 618-622.

Wevelsiep, Christian, »Zur Politik des Ausnahmezustands«, in: *Prima Philosophia* 16 (4.2003), S. 463-479.

Whyte, Jessica, *Catastrophe and Redemption. The Political Thought of Giorgio Agamben*, Albany 2013.

Wilden, Andrea, *Die Konstruktion von Fremdheit. Eine interaktionistisch-konstruktivistische Perspektive*, Münster u.a. 2013, S. 157-186.

Zartaloudis, Thanos, *Giorgio Agamben. Power, Law and the Uses of Criticism*, London u.a. 2010.

Eva Geulen, geb. 1962, Studium der Germanistik und Philosophie in Freiburg und Baltimore (USA), Promotion 1989 (*Worthörig wider Willen. Darstellungsproblematik und Sprachreflexion in der Prosa Adalbert Stifters*, 1992), lehrte an der Stanford University, der University of Rochester und der New York University, war von 2003-2012 Inhaberin des Lehrstuhls für neuere deutsche Literaturwissenschaft am Germanistischen Seminar der Universität Bonn, wechselte dann für drei Jahre an die Goethe-Universität Frankfurt a.M. und ist seit 2015 Direktorin des Zentrums für Literatur- und Kulturforschung in Berlin.
Aufsätze zu Adorno, Benjamin, Grillparzer, Nietzsche, Walser u.a., Monographie: *Das Ende der Kunst. Lesarten eines Gerüchts nach Hegel* (2002). In Kürze erscheint im Berliner August Verlag: *Aus dem Leben der Form: Goethe und die Nager (Auch eine Einführung in die Morphologie).*